2022年度天津市教育科学规划课题"岗课融合视域下真实性评价体系构建"（HJE220194），主持人郭芳

经管文库 · 管理类

前沿 · 学术 · 经典

返乡青年电商创业行为研究

RESEARCH ON E–COMMERCE
ENTREPRENEURSHIP BEHAVIOR OF RETURNING
YOUTH

郭 芳 著

经济管理出版社

ECONOMY & MANAGEMENT PUBLISHING HOUSE

图书在版编目（CIP）数据

返乡青年电商创业行为研究/郭芳著．—北京：经济管理出版社，2024.3
ISBN 978-7-5096-9632-3

Ⅰ.①返…　Ⅱ.①郭…　Ⅲ.①电子商务—创业—研究　Ⅳ.①F713.36

中国国家版本馆 CIP 数据核字（2024）第 056896 号

组稿编辑：白　毅
责任编辑：白　毅
责任印制：许　艳
责任校对：蔡晓臻

出版发行：经济管理出版社
　　　　　（北京市海淀区北蜂窝 8 号中雅大厦 A 座 11 层　100038）
网　　　址：www. E-mp. com. cn
电　　　话：（010）51915602
印　　　刷：唐山玺诚印务有限公司
经　　　销：新华书店
开　　　本：720mm×1000mm/16
印　　　张：10
字　　　数：174 千字
版　　　次：2024 年 5 月第 1 版　　2024 年 5 月第 1 次印刷
书　　　号：ISBN 978-7-5096-9632-3
定　　　价：98.00 元

前　言

2017 年，党的十九大报告首次提出实施乡村振兴战略，之后的历年中央一号文件都会对乡村振兴战略作出部署，国家也颁布了《乡村振兴战略规划（2018—2022 年）》《中华人民共和国乡村振兴促进法》等规划及法规，党的二十大报告中提出要全面推进乡村振兴，这关乎中国式现代化建设全局和实现共同富裕大局。中共中央办公厅、国务院办公厅发布的《关于加快推进乡村人才振兴的意见》指出，坚持把乡村人力资本开发放在首要位置，大力培养本土人才，引导城市人才下乡，推动专业人才服务乡村，吸引各类人才在乡村振兴中建功立业……充分发挥各类主体在乡村人才培养中的作用。农业农村部的数据显示，2012~2021 年，全国返乡入乡创业人员数量累计达到 1120 万人，创办项目 80% 以上是一二三产融合发展项目，平均每个创业创新主体能带动 6.5 个农民就业，返乡创业成为促进乡村振兴的重要方式之一。

电子商务行业作为返乡青年创业的首选领域，是互联网经济发展的时代背景所致，也是农村经济走向市场的必然途径。2019 年，农村电商开始进入规模化专业化发展阶段。2022 年，全国农村网络零售额达 2.17 万亿元，同比增长3.6%。其中，农村实物商品网络零售额 1.99 万亿元，同比增长 4.9%。① 2022年上半年，全国农村网络零售额 9759.3 亿元，同比增长 2.5%，其中，农村实物商品网络零售额 8904.4 亿元，同比增长 3.6%。直播电商在农村加速普及应用，新业态新模式助力农产品进城，农村生活服务电商快速发展，"新农人"电商创业就业持续升温，农村电商助力乡村振兴的动力越发强劲。本书基于乡

---

① 数据来自《中国电子商务报告（2022）》。

村振兴战略的历史背景和互联网飞速发展的经济背景，以天津市为例，分析返乡青年电商创业行为，构建农村电商创业生态系统，促进青年发展、农村发展和社会发展。

在职业教育改革发展中，《国家职业教育改革实施方案》提出了"为服务现代制造业、现代服务业、现代农业发展和职业教育现代化提供制度保障与人才支持"的远景目标；《职业教育提质培优行动计划（2020—2023 年）》提出了"面向'三农'提供全产业链技术培训服务及技术支持"的重点任务；《关于推动现代职业教育高质量发展的意见》提出了"支持办好面向农村的职业教育，强化校地合作、育训结合"的产教融合办学体制。因此，在国家战略与政策引导下，高等职业教育应该主动服务全面推进乡村振兴战略。作为国家现代职业教育改革创新示范区，天津职业教育深度对接产业升级和民生需求，为国家重大战略提供服务，在乡村人才振兴战略中也在不断尝试和探索培养模式，支持职业院校优质骨干专业对接产业群建设，服务区域经济发展。

本书梳理了天津涉农区域农村电商的发展现状，对各区电商发展模式进行了总结，并对天津涉农区的青年就业创业者开展微纪实访谈，形成了多个案例。经过梳理和分析发现，随机采访对象中大专以上学历的青年占到了 39.1%，接受过一个月以上技能培训的人约占 13%，创业知识的获得是影响其就业创业选择的重要变量，因此，本书从学习型青年的角度探寻创业者从学习到实施就业创业行为这一过程的成长脉络，这一群体大多都接受了系统的校园教育或社会再继续教育，通过学习，掌握了一定的知识，在这个过程中，兴趣起到了重要的作用，而且会直接影响其就业创业方向的选择。通过深刻挖掘其返乡创业的动因发现，创业学习、就业经验和关系网络三个元素均正向影响了返乡青年的创业意愿，其中，创业学习是嵌入因素，就业经验是创业学习到创业行为的过程变量，关系网络是创业学习到创业行为的中介变量。

在对创业行为进行分析时，本书采用扎根理论，筛选了创业成功的案例，提炼返乡创业行为成功的主范畴因子，构建了推动返乡青年成功创业的 MSEP 动力模式，其中，创业感知是创业的原动力，社会网络关系是创业的支持力，资源可获性认知是创业的执行力，创业可持续性认知促进了创业行为的持久性。同时通过整理分析和借鉴其他职业院校的成功经验，从职业教育的视角提出，职业院校要优化育训结合的人才培养方案，提升返乡青年的创业感知；加强政企校村合作，建设乡村振兴产业学院，为返乡青年创业发展搭建平台，推进乡村农创园、直播电商等的发展，改善返乡青年创业的营商环境，做好返乡创业政策的解读和推广，提升返乡创业青年的资源可获性认知；发挥职业院校的智库功能，打造开放式创业空间，提供持续性创业资源，推动科教融合，支持电商品牌建设，促进返乡青年的持续性创业。

目　录

1 绪论

1.1 研究背景

在全面推进乡村振兴战略背景下，2023 年中央一号文件《中共中央　国务院关于做好 2023 年全面推进乡村振兴重点工作的意见》就"大力发展面向乡村振兴的职业教育，深化产教融合和校企合作"等作出了顶层设计。

近年来，天津市农业发展势头良好，在农业产值、农业组织、农民收入等方面都不断取得新成就，但仍然存在生产性农业先天不足、三次产业融合不够、农业经营主体创新能力不强等结构性问题，也存在典型的都市区乡村衰退过快的现象，如"三农"所占 GDP 比重较低、乡村数量规模缩减、优质资源要素流失甚至消逝的速度更快。因此，天津市促进乡村振兴的需求更迫切，必须充分利用国家现代职业教育改革创新示范区的优势，培养能够和产业链对接的人才链，建立职业技能人才库，引智引流、打造农村新业态。

本书聚焦于天津市郊区返乡青年这一群体，该群体年龄分布在 25~40 岁，主要是接受过职业教育的返乡大中专学生，他们接受过系统完整的全日制教育，文化素质较高，对网络、技术等新鲜事物有较强的接纳能力，视野开阔，对创业活动有认知、有热情、有干劲，成为农村世界里"创业的一代"。他们勇敢地创新农业生产经营形式，利用多种途径践行着中央所提倡的产业融合，并事实上成为推动农村电子商务发展的重要力量。

2019 年，农村电商进入规模化专业化发展阶段，全国农村网络零售额达
1.7 万亿元，农产品网络零售额达 3975 亿元，同比增长 27%。① 农村电商辐射
范围更大，需要青年创业者的引领，也需要多方主体的积极参与。本书基于乡
村振兴战略的历史背景和互联网飞速发展的经济背景，以天津市为例，分析返
乡青年电商创业行为，构建农村电商创业生态系统，促进青年发展、农村发
展、社会发展。

1.2　研究意义

1.2.1　现实意义

天津是"大城市小农村、大郊区小城区"，具有城市化率较高、农民数量较
少、农业占生产总值比重低的特点。当前条件下，农业农村依然是天津全面建成
高质量小康社会、全面建设"五个现代化天津"的短板和弱项。实施乡村振兴
战略对天津市深入推进京津冀协同发展和加快实现农业农村现代化具有重大意
义。天津市地处平原，交通四通八达，既是首都的"菜园子""后花园"，又是
承接北京非首都功能转移的首选地。实施乡村振兴战略，承接北京农业高新技术
产业转移和成果转化，为北京提供优质农产品、安全农产品，有利于加快京津冀
三地一体化发展进程。贯彻落实"产业兴旺、生态宜居、乡风文明、治理有效、
生活富裕"的要求，是扎实推进天津市农业供给侧结构性改革、推动乡村走上高
质量发展和绿色发展之路、增强天津市乡村经济实力、率先实现农业现代化的战
略选择。

发展农村电子商务，通过"互联网+"，对助力乡村振兴、推动农业转型发
展、促进产业兴旺和农民增收致富、带动农村创业就业等，都具有重大现实意
义。近年来，我国农村电商发展迅猛。截至 2019 年，电子商务进农村综合示范

---

① 数据来自《中国电子商务报告（2019）》。

全面覆盖，工业品下行、农产品上行的双渠道畅通，"下沉市场"的消费潜力得到了释放，"产品上行"的效果也日益明显。农民运用电子商务的意识和能力不断增强，农产品网络零售增长率高于全国网络零售10.6个百分点，农村电子商务的建设有效弥补了欠发达地区实体店面和服务的不足，为农村地区青年创业打开市场。物流和资金流的引入，使配套设施得到相应发展，有效实现了服务商与平台、网商、传统产业、政府的良性互动，促进农村青年返乡创业和就近就业。

随着越来越多的"电商县""电商村"诞生，电子商务成为农村地区对外联通的重要渠道，产生大量创业机会的同时，也不可避免地出现了低门槛、高复制度、恶性竞争等问题。天津地区的农村电子商务市场比较零散，以单打独斗、小商小贩经营为主，缺乏大平台的规模优势，区域电商平台发挥的作用有限，因此，实现"从有到优"的突破，提高农产品生产的组织化、标准化、科技化，合理处理创业个体、电商平台企业以及农业合作组织之间的关系，建立农村电商创业生态系统势在必行。

1.2.2 理论意义

创新创业正成为我国拉动经济增长的新引擎，尤其是对于农村地区的发展来说更是如此，在所有的创业主体中青年是不可或缺的力量，代表了创业的未来，青年创业问题值得高度关注。全球创业观察（Globe Entrepreneurship Monitor, GEM）报告显示，中国青年创业活动的活跃度较高，且在创新程度、成长性、创造就业等方面均表现出独特优势。随着现代化农业的发展和对电商人才需求的增长，创业青年返乡浪潮兴起，但同时也应该看到农村电商创业和城市有显著的差异，不能经验照搬，因此，要建立农村电商生态系统，吸引、鼓励、留住更多的年轻人返乡创业，加强电商创业环境的改善和政策扶持，同时关注创业行为的归因研究和持续性创业分析，为促进农村电商行业的高质量发展和农村经济结构、人力资源的合理配置提供有效的理论支持。

（1）利用扎根理论进行创业行为质性研究，丰富了创业理论的研究方法。目前关于创业行为的研究主要是采用定量的方法，定量研究是基于现有理论，提出假设并验证，它可以使现有理论更为精致和完美，但是无法发现新理论。本书利用扎根理论，对深入农村获取的一手创业资料进行编码，兼用量化的手段处理繁杂的资料，既保证了研究范畴的真实性和自然性，又保证了研究结论的客观性和可追溯性。

（2）引入返乡创业青年的心理认知，填充了创新创业心理资本研究的空白。创业心理资本理论还不完善，本书从创业感知、资源可获取性认知和创业可持续性认知三个维度对返乡青年创业心理进行了探索，初步完成了心理资本对创业行为的影响机理分析。

（3）从都市型乡村振兴的角度研究电商创业行为，构建了都市型农业和电商兴农之间的"人、货、场"闭环逻辑。都市型乡村振兴差异化特征明显，生产性农业存在的天然劣势使大力发展现代农业成为必然，"农业+产业链""农业+电商"等模式需要重构"人、货、场"，"数字化平台化的青年群体+品牌化标准化的产品+生态化链条化"的农业场景使农村电商创业行为的范畴更加广泛。

（4）从职业教育的视角研究电商创业行为，构建农村电商教育生态链条。原有的职业教育未真正植根于乡村的迥异性、独特性，而是固守"乡村职业教育城市化"，按照城市化的模式制定人才培养方案、设计教学内容、设置专业等，致使人才培养单一，无法支撑乡村振兴的人才需求。本书定位于培养新型农业经营主体，依托数字农业发展产教共同体，设置涉农专业群，采用工学结合的教学模式，开发线上线下混合式融合的课程和数字教材，规范、完整、系统地实施人才培养。

1.3　研究方法

质性研究便于揭露现象背后的人际互动行为及其含义或变量的内在关系，可对研究和理论进行完善，也有助于提供现实生活的详细描述，这些描述可以还原和维持人们赋予的行为或环境因素的真实含义，它适合研究社会学、管理学等领域复杂的、无法预料的对象，可以提供全面的、现实的描述，而其中某些描述是无法用变量来衡量的。最常用的质性研究方法包括扎根理论、案例研究、微纪实访谈、田野调查、民族志和行动研究法，本书根据研究对象的实际情况，选用了微纪实访谈扎根理论和多案例研究方法进行分析。

1.3.1 微纪实访谈法

微纪实（Micro Narrative）是一种倾听被访谈者讲述自己的生活或者工作经历的研究方法，也是近年来国外学者较为认可的一种原始数据的收集方法，访谈前不事先设计访谈提纲，访谈中不做目的性引导，旨在挖掘被访谈者的真实经历与心理活动。Narrative 翻译为叙述、故事、叙述的手法等，本书以加引号的形式，原始保留讲述者的谈话内容，并且记录访谈的现场环境、被访谈者与访谈者谈话过程中的情绪变化等，因此，将 Micro Narrative 翻译成微纪实。在微纪实中可以发现研究问题，这构成了使用其他研究方法的基础，如开展深入的案例研究、问卷调查等；微纪实也可以为其他研究者提供撰写研究性文章的基础素材。

1.3.2 扎根理论

扎根理论（Grounded Theory）是一种质性研究方法，基本思路如图 1-1 所示。使用扎根理论的研究者在研究开始之前一般不进行理论假设，而是直接从原始资料中寻找反映社会现象的核心概念，然后探索这些概念之间的联系，建构相关的社会理论。

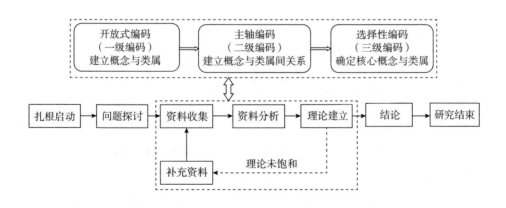

图 1-1 扎根理论研究方法的流程

扎根理论的核心是资料收集与分析的过程，这个过程涵盖了理论演绎和理论归纳。运用扎根理论进行研究的目的在于透过理论层面去描绘现象的本质，通过对多种文献资料的整理分析和归纳得出比较规范的理论。资料收集是进行扎根理论分析的基础，扎根理论分析所使用的资料大多是描述性的，因此，更多采用参与式观察与访谈法来收集资料。本书通过开放式访谈收集资料，在征得访谈对象的同意后进行笔记记录和录音，当访谈中获得的信息开始重复，即数据收集不再能产生新的概念或者理论时，说明已经达到了理论饱和，此时停止抽样，之后对访谈内容进行整理与分析，为进一步的理论归纳提供依据。

资料分析是扎根理论中最重要的一环，它需要对理论资料进行逐级编码，也就是对收集到的资料进行分析、分解，然后进行定义和分类，扎根理论的资料分析过程实际上就是编码过程。编码的类区一共有三种：开放式编码、主轴编码和选择性编码。本书首先使用开放式编码进行概念化并归纳出了次要范畴，其次使用了主轴编码总结了主要范畴，最后使用选择性编码构建出了核心范畴。

以往关于返乡青年创业行为的研究大多采用问卷调查法，比较容易遗漏一些创业行为的隐性细节，难以得到较完整和真实的结论。因此，采用扎根理论，客观真实地收集返乡创业行为数据，能够更为准确地揭示返乡青年创业行为的内在机理。

1.3.3 多案例研究

Yin（2004）指出，案例研究尤其适用于新的研究领域或现有研究不充分的领域，适用于解释性和探索性地回答"what"或"why"的问题。王建云（2013）认为，案例研究是一种综合研究方法，需要运用多种数据收集方式，如查找资料、访谈、观察等，对特定的研究单元所发生的典型性事件进行详细的描述和综合分析，在此基础上结合研究问题进行理论验证或理论构建，得出普适结论。案例研究建立在扎实的理论基础之上，对提出新的理论、完善研究起着重要的作用，如案例研究方法能够提炼和探究新的研究方向，从而构建新的理论，补充理论的缺乏与空白；也可以拓展现有的研究范围，用来解释实证研究所解释不了的想象与理论。

案例研究有单案例研究和多案例研究之分，单案例研究较为深入和细致，多案例研究重复支持研究的结论，能够更全面地了解和反映案例的不同方面，从而形成更完整的理论并且能够提高研究的效度，得出的证据更有说服力。艾森哈特认为，多案例（4~10个案例）研究可以提供一个良好的分析归纳的基础，从多个案例中推导出的结论往往被认为更具有说服力。同时，Yin（2004）认为，多案例之间的"可复制"在案例研究方法中尤为重要，案例间的重复验证是提高结论正确性的保障。

本书研究对象是返乡青年的创业问题，内容丰富、形式多样，结果也各不相同，而且创业活动的本质就在于差异和新奇，单案例研究很难总结出普适性的一般规律，因此本书选择了多案例研究方法。

1.4 研究技术路线

本书的研究技术路线如图1-2所示。

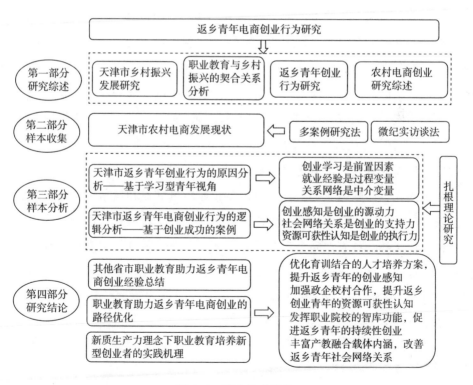

图1-2 研究技术路线

2 研究综述

2.1 天津市乡村振兴发展研究

　　天津是中国四大直辖市之一，现辖 16 个区，共有 124 个街道、125 个镇、3 个乡、3520 个村和 1953 个社区。市辖区包括滨海新区、和平区、河东区、河西区、南开区、河北区、红桥区、东丽区、西青区、津南区、北辰区、武清区、宝坻区、静海区、宁河区、蓟州区，涉农区域包括滨海新区、东丽区、西青区、津南区、北辰区、武清区、宝坻区、静海区、宁河区、蓟州区。截至 2021 年末，全市常住人口总量 1373 万人，其中，城镇常住人口 1165 万人，乡村常住人口 208 万人，城镇化率为 84.88%。① 天津市坚持走质量兴农、科技兴农、绿色兴农、品牌强农之路，着力提高农业质量效益和竞争力。构建现代都市型农业生产体系、产业体系、经营体系，提高农业科技化、产业化、市场化水平，加快优势特色农产品全产业链开发、全产业链提升，聚力打造现代都市型农业升级版，建设兴业之乡。天津市的乡村振兴有其独特之处，农村区域紧紧围绕城市，具备都市区乡村的特点，有天然的地理位置优势和资源共享优势，更适合以一产业为基础，融合发展二三产业，实现现代都市型的乡村振兴。

---

　　①　天津政务网，https：//www.tj.gov.cn/sq/。

2.1.1 关于乡村振兴战略的研究

党的十九大报告首次提出实施乡村振兴战略，党的二十大报告提出要全面推进乡村振兴。叶兴庆（2018）认为，随着新农村建设成果的显现、城镇化率的不断提升，以及中国工业化取得的显著成绩，我国实施乡村振兴战略的条件已经成熟，时机已经到来，但是也会面临不少的挑战。

2.1.1.1 乡村振兴中关于人才的研究

张可心等（2019）认为，乡村常住人口的减少会阻碍乡村经济的发展。任静（2019）认为，乡村人才总量不足，结构不合理，尤其是科技型人才缺乏，制约了农村经济现代化的发展。张阳丽等（2020）认为，乡村人才问题是乡村振兴的第一大难题，农村人口向外流失严重与乡村振兴求贤若渴的矛盾非常突出。就如何实现乡村振兴、建设农业强国，很多学者从乡村人才的角度展开了研究。周晓光（2020）认为，要从定向开展人才引进、多方实施人才借力、分类推进人才培育、大力促进人才就业、着力优化人才环境等方面促进乡村人才发展。罗敏（2020）认为，乡村振兴的核心要素是实现城乡人才共享，使人才在城市和乡村间可以自由流动。郭姜裔等（2023）提出，随着城乡融合、人才下乡和乡村振兴的推进，各地乡村出现了很多"城归"①，其中，返乡入乡创业人员数量累计达到1120万人，创办项目80%以上是一二三产融合发展项目，他们为农村地区带来生产要素的转移，同时具有示范效应的创业项目能提供就业机会，带动富余劳动力就地转移，使乡村经济多样化（韩庆龄，2023）。

2.1.1.2 乡村振兴中关于职业教育的研究

职业教育是一种跨越多种"社会域"的教育形式，在助力乡村振兴方面有落实点位，有协同机制，有精准对接，因此在逻辑架构上是行得通的。林克松和袁德梽（2020）认为，可以充分利用职业教育服务"三农"的实践面向，建立"农业+"专业群，构建职业教育立体化帮扶体系。祁占勇和王志远（2020）提出，职业教育要加强涉农专业的建设，吸引愿意且有能力为乡村振兴做贡献的学

---

① 包括大部分的返乡农民工、大学生、退役军人、离退休人员，以及城市精英中的乡村创客、自由职业者、乡村社工等。这些人既在资金、技术、从业经验等方面有较多的积累，同时也有故土情结，部分人还有较为强烈的创业意愿。

生，给予专项技能培训，并在国家政策补贴的基础上再给补贴。朱忠义等（2021）提出，建立产业链和教育链的映射关系，搭建校、村、企产教平台，实现职业教育专业群内部的课程共享共建，以及技能型人才的培养培训，满足乡村振兴产业融合发展需求。王媛媛和郝佳伟（2023）提出，在办学方式上，应加强与涉农企业的深入协作，建设现代化的农技训练基地，使涉农企业积极参与到培育新农场主的队伍中来，构建农村发展共同体，做到"真联动"。

2.1.1.3　乡村振兴中关于农村电商的研究

随着数字经济的发展，乡村振兴逐步和电子商务密切结合，多个电商平台都积极下沉市场，农村电商成为推进乡村振兴的有效途径和重要抓手，引起了学者的关注。彭成圆等（2019）对江苏农村电商创业进行了调研，将农村电商创业分为平台助推、农村电商示范村引领、返乡青年电商带动及新型农业经营主体领办四种类型，并分析了政策、人才、资金及基础设施在农村电商创业过程中协同作用的原理。梅燕和蒋雨清（2020）提出，农村电商的产业聚集带来的基础设施和营商环境的改进、物流成本的降低等效应，推动了农村地区的"三业"融合和产业升级。郭英（2022）认为，农村电商人才的培养是重中之重，目前农村地区对电商的认知只停留在卖货阶段，忽视了对产品的品牌培育和市场的数据分析。

近些年关于乡村振兴战略的研究角度多、内容新、应用广，本书聚焦职业教育、返乡创业、农村电商等关键词，根据已有研究，借鉴有价值的经验和建议，结合研究团队所做的实地调研，构建职业教育视角下促进农村电商发展的返乡创业生态。

2.1.2　都市区乡村的内涵研究

2.1.2.1　都市区乡村的界定

目前对于"都市区乡村"的概念还没有一个权威规范的界定，国外学者Yamamoto 和 Tabayashi（1989）基于农业人口就业的区域差异和城市影响强度的差异性将日本的乡村划分为七种空间类区，第一次明确提出"都市乡村空间"的概念。国内学者薛艳杰（2019）基于我国人口总量规模，以及城镇化、区域经济及城乡关系等现阶段情况，提出我国都市区重点聚焦在规模等级高的特大城市和超大城市行政区范围内的乡村上，城市和乡村共生发展；不同规模等级的城市，对乡村的影响半径、作用力强度等存在差异。一般而言，城市规模等级越高，其范围内乡村的都市区特征就越明显。至 2019 年末，我国城镇人口占比达到 60.59%，城镇化进程仍然处于上升阶段，未来还将有更多的乡村受城市建设发展的直接影响，都市区乡村正成为一种重要的乡村类区。

目前大多学者研究的是"都市农业"，都市农业的概念最早起源于美国学者欧文·霍克，他于 1950 年首次使用了"都市农业区域"一词。之后美国经济学家约翰斯顿于 1969 年提出"都市农业生产方式"一词。尽管都市农业这一名词在学术界和实践中都被国内外学者广泛运用和研究，但关于其概念表述仍存在不同的观点。Smit 和 Nasr（1992）、Mougeot（2000）将都市农业定义为产生在城市或城市周边地区的农业生产活动。宫前義嗣从产业特征的角度将都市农业界定得更为具体："以易腐败而又不耐储运的蔬菜生产为主，同时又有鲜奶、花卉等多种农畜产品生产经营的农业。"认同度最高的概念是从地理位置、功能属性、产业特征等方面进行的综合定义，即都市农业是在高度城市化的大都市和市郊的农业区，以满足都市需求建设而成的集生产、生活、生态于一体的现代化大农业系统，是一种高度规模化、产业化、科技化、市场化的农业。

从概念阐释的比较中可以发现，都市区乡村的界定比都市农业更广泛，乡村是一个综合性的有机范畴，既涵盖空间地域的动态性演化层面，又包括经济、社会、生态等宏观运行系统以及人口、土地、产业、文化等微观要素。由于我国乡村规划、乡村政策等的制定和实施主要都是以行政区为单元展开，因此就其性质而言，都市区乡村是指包括在大都市行政辖区范围内的乡村，符合本书研究样本的区域范畴。由于本书研究的主要目的在于分析都市区乡村的电商创业行为，会涉及乡村发展的产业结构和人才、政策等经济要素，因此都市区农业的研究文献具有一定的借鉴意义。

2.1.2.2 都市区乡村的特征

Irwin 等（2010）认为，都市周边乡村区域非农产业发达，农民收入多样化的特点突出。龚健（2018）认为，在人才结构上都市区乡村的年轻人受城市引力的作用更大，人才流失更为严重；在经济结构上传统农业衰落，多产业融合发展趋势明显。熊万胜（2018）提出，城乡关系的紧密程度是影响乡村人口流入的重要因素，大规模城市的近郊和城市群腹地的乡村相对于农业区的乡村来讲，人口流入区的社会特征就更明显。薛艳杰（2019）提出，都市区乡村的主要特征是"三农"比例低，农田和村庄受城镇建设和产业园区、道路等非农用地分割，导致乡村田园独有的特色和优势弱化，但是乡村振兴的条件更为成熟，都市和乡村迈入融合共生发展阶段。杨娟等（2019）总结了都市区农村的特征：农产品的专业化和商品化程度高，多功能发展态势明显，农产品销售多渠道化，发展了配送、电商、直营店等多种销售形式。严若曦（2019）认为，都市边缘区的乡村可以为城市提供大量农副产品的生产，承接城市二三产业转移，是推动城乡统筹发展的重要枢纽，在乡村振兴战略中起到先行者和排头兵的重要作用。

都市区乡村最主要的地理特征是离大城市很近，受到城市发展更加深刻的影响，既能从城市获得更多的资源，也更容易受到城市较多的控制；经济特征是对传统农业的依赖性较低，第一产业所占比重下降，二三产业发展空间较大，更适合多产业融合发展；人口特征是人才流动较为频繁，人口流入流出都较大，但是相对于大农业区而言，人才流入大于人才流出，都市区乡村成为返乡青年创业的首选之地，和本书所选样本的现状基本符合。

2.1.3 天津市乡村振兴经济发展模式研究

臧学英和王坤岩（2017）以天津市为例，研究了都市区农业应以供给侧结构性改革为契机，探索三次产业融合新路径，增强农业主体自我发展能力。杨娟等（2019）提出，都市区乡村虽然也能够实现规模生产，但是和大农业区相比规模还是很小，因此要提高市场风险抵抗力，就必须走产业联动的路子，形成"龙头企业+合作社+农户"机制，大力发展生态农业，挖掘农业附加值，利用电商打通农业上行的路径。孟召娣等（2019）经过调研总结了武汉市农村发展模式，市政府配套劳动力要素优化政策，将城市能人输送到农业农村领域，强力推动大学毕业生、退休职工和农民工等返乡创新创业，将农业和科技、文化相融合，建立农创中心。

天津市农村经济发展模式以构建"龙头企业+合作社+基地+农户"联结机制为主，加强龙头带动，培育一批较大规模的农业产业化龙头企业、上市企业和农业产业化联合体；促进农民合作社规范运营、提质增效，稳步提高新型集体经济组织的经营能力；重点支持促进小农户生产托管服务，涵盖统一深松整地、集中育秧、统一播种、统一防治、统一收割、统一烘干仓储等作业环节的服务。同时大力推进现代农业产业园、优势特色产业集群、农业产业强镇、创新创业园区和基地等产业融合载体的建设，其中，宁河区和宝坻区两个国家现代农业产业园为天津现代都市型农业发展树立了新标杆，宁河区通过在产业园利用大数据、传感器、物联网、云计算等手段，有效带动了农业整体发展；宝坻区在该产业园已建成奶牛场数字化管理云服务共享平台、"天—地—人—机"一体化小站稻物联网平台、蛋鸡自动化养殖平台和生猪大数据中心。2021 年，产业园总产值近 60 亿元，带动区域内农民人均可支配收入超过 3 万元[①]。

在销售环节构建"互联网+龙头企业+农民专业合作社+定向直销客户"的农产品销售运作模式，通过整合优质农副产品资源，从源头上指导农户、合作社的生产，建立农产品追溯体系和食品检测体系，减少食材中间流通环节，解决产销"瓶颈"。在新业态方面，充分挖掘农业农村的多功能性，打造形式多样、特色鲜明的休闲产品。大力发展农村电子商务，加快农村电子商务基础设施建设。突出科技、文化产业支撑，依托"互联网+"拓展招商引资、宣传推广、产品销售渠道，导入现代科技、人文元素，厚植"农业+互联网""农业+文化"产业发展土壤。发展创意农业，推动农业产品符号化、品牌化、仪式化，因地制宜发展农田艺术景观、农业主题公园、农业节庆活动和农业科技创意产业。

2.1.4 天津市乡村振兴发展存在的问题分析

都市区乡村最主要的地理特征是离大城市很近，受到城市发展更加深刻的影响，既能从城市获得更多的资源，也受到城市更多的限制。龚健（2018）提出，都市区乡村的年轻人受城市引力的作用更大，人才流失更为严重，传统农业已衰落，现代化农业未建成，这是制约都市区乡村振兴的难点。薛艳杰（2019）提出，都市区乡村的现状是"三农"比例低，农田和村庄受城镇建设和产业园区、道路等非农用地分割，农业优势弱化，乡村振兴需要走和城市共生之路。天津作

---

① 天津政务网，https://www.tj.gov.cn/sy/tjxw/202202/t20220228_ 5815082.html。

为国际大都市，2018年城镇化率高达83.2%，农村人口仅为321.3万人，第一产业从业人员占比6.7%，远远低于第二产业的31.8%和第三产业的61.5%；农民可支配收入23065元，仅为城镇居民收入的53.6%；和其他产业相比，农业总产值增速为2.9%，排名较为靠后；在农业及农林牧渔服务业总值中，服务业占比仅为3.5%。人少、收入低，生产区农业发展慢，现代化农业创造价值有限，是天津市乡村的发展现状，因此振兴任务紧迫且复杂。

2.1.4.1 农业兼业化效率低

经济发达的地区第一产业在GDP中所占比重低，农业兼业化现象就会突出（杨娟等，2019）。截至2019年，天津市第一产业所占比重仅为0.9%，基础性农业产出低，因为都市区乡村的农业用地面积少，农产品生产的竞争力远远低于典型农业区。天津人均耕地面积仅为0.13公顷，只能种植特色农产品和不耐储运产品。虽然城市市场需求大，但是对产品品质要求高，在人力、财力缺乏的情况下，农民不愿意进行改革，产品供给难以满足。为了提高农业比较优势，只能发展休闲农业、民宿、乡村旅游、科普教育等其他业态。天津在2019年逐步建成田园综合体、现代产业园区、共享农庄、乡村旅游精品工程等，大力提高农业附加值，延伸农业服务业态。但是各村缺乏统筹规划，以及专业管理人才缺失，导致业态建设同质化、品质参差不齐、资源破坏严重，农业兼业效应没有产生更大的辐射作用。

2.1.4.2 土地非耕种化趋势明显

都市区乡村的山水田园既是乡村经济发展的基础资源，又是城市生态建设的天然屏障，在基础农业生产存在劣势的情况下，"资本下乡"重组了农村的生产要素，2016~2018年，天津实有耕地面积在逐渐下降，2018年仅为35.39万公顷，和2016年相比，减少了近4万公顷，其中，有效灌溉面积仅为30.47万公顷。农业总产值同期下降0.2%，农机总动力同期下降25.1%，农村用电量同期下降8.4%，农作物总播种面积同期下降2.3%。和典型区农业区耕种规模逐年增加相比，都市区乡村的土地生产动力不足，产出价值越来越低，传统的农业发展方式已经不适合当地经济，亟须科技区人才带技术下乡，打造技术密集区土地生产模式。

2.1.4.3 劳动力流动"逆差"

都市区乡村大多在城市周边，已有的农村劳动力不愿意从事既辛苦收入又低的农业生产，纷纷转向非农就业；而非农劳动力认为城市发展机会多，更愿意在城市寻找就业途径，导致劳动力流出大于流入，出现巨额"逆差"。2018 年，天津的农村劳动力人口为 182.25 万人，而农业从业人员仅为 60.07 万人，并且逐年呈下降趋势。而在典型农业区，如河南、山东，农业从业人数与农村劳动力人口之比大于等于 1，农民的兼业比小于等于 0，说明在典型农业区，农业生产主要是由当地农民完成的，而在都市区乡村，大部分农民从事多项工作，且以非农生产为主，收入来源不稳定，农民的生活质量不高。乡村的发展离不开人力的投入，只有留住本土人才，吸引城市人才，聚集各类专业人才，振兴之路才有保障。

2.2 职业教育与乡村振兴的契合关系分析

乡村振兴，关键在人，人从教育中来。2021 年，中共中央办公厅、国务院办公厅印发《关于加快推进乡村人才振兴的意见》，明确提出要加快培养农业生产经营人才、二三产业发展人才、乡村公共服务人才、乡村治理人才以及农业农村科技人才，并提出要充分发挥高等院校，尤其是职业院校在乡村人才振兴中的作用。全国职业院校 70%以上的学生来自农村，全国 1.23 万所职业院校开设的 1300 余个专业和 12 万余个专业点，基本覆盖乡村振兴各个领域①。相较于普通高校学生，涉农职业院校或专业毕业生更应成为乡村振兴的重要力量。鼓励各地遴选一批高等职业学校，按照有关规定，根据乡村振兴需求开设涉农专业，支持村干部、新型农业经营主体带头人、退役军人、返乡创业农民工等，采取在校学习、弹性学制、农学交替、送教下乡等方式，就地就近接受职业高等教育。职业

---

① http：//www.moe.gov.cn/jyb_ xwfb/xw_ zt/moe_ 357/2023/2023_ zt05/zjsy/202305/t20230511_ 1059250. html。

教育的技术技能型人才培养模式，以及专业结构和产业结构的高匹配度，完全符合乡村振兴对人才的培养要求。

2.2.1 职业教育与乡村振兴的契合研究

王弨等（2017）提出，职业教育的专业结构、层次结构和农村产业结构相匹配，因此职业教育和乡村振兴显著契合。李凌（2018）以北京市延庆区为例，从规模、结构、层次、规格四个维度论证了教育和都市区乡村振兴的契合关系。田真平和王志华（2019）认为，在乡村振兴战略下，农村一二三产业融合发展需要职业教育在人才、技术等方面给予助力，同时职业教育在新时期下的转型升级也需要农村三产融合发展的反哺和赋能，两者从微观的要素到中观的结构、宏观的系统三个层次都存在协同关系。孟亚男和吴叶林（2021）从教育部发布的《高等职业教育创新发展行动计划（2015—2018 年）》政策文件、70% 以上的生源来自农村或农业工家庭的现状，以及职业教育质量年报中的就业状况出发，充分证明了职业教育和乡村振兴之间的逻辑关系。赵婕（2021）提出，职业院校从发展之初就兼具"育训结合"的特点，逐步建立了完备的培训体系和先进的实训基地，在培训新型农业经营主体方面具有天然优势，为乡村人才振兴保驾护航。

2.2.2 关于职业教育助力乡村振兴的路径研究

2.2.2.1 关于职业教育和乡村振兴耦合机制的研究

马建富（2015）认为，职业院校在构建新型职业农民培育体系中发挥着重要作用，需要政府的统筹规划，涉农企业、协会的积极参与，农业的发展是政府、院校、企业、协会协同培育的过程。李悦和王振伟（2019）提出，职业院校可以依托乡村振兴战略整合学校产教融合资源，打造"教学—实践—落地—市场"的创新创业实践平台，开发培育符合乡村振兴产业需求的创新创业项目，并落实孵化，既可以为农村输送人才，又可以引入项目。田真平和王志华（2019）从产业融合理论以及系统耦合理论的视角，提出职业教育和农村发展的协同利益联结的三个阶段：第一阶段是基础，实现要素融合，即职业教育中的师资、课程、教学环境和设备等要素与农村发展所需要的土地、资本、技术、人力等要素的耦合；第二阶段是核心，实现结构耦合，即职业教育中的专业结构和乡村振兴中的产业结构相耦合；第三阶段是价值体现，即系统耦合，通过职业教育中产教融合的功能对接乡村振兴对复合型人才的需求。孙红霞（2021）从人才培养和输送的角度提出要加强农村当地高级技术人才的培育，打造和乡村现代产业振兴相契合的涉农专业课程，培养适合现代农业生产经营的技能人才和管理人才。

2.2.2.2　关于职业教育和乡村振兴耦合路径的研究

石丹淅（2019）提出，以"协调、有序、参与、有力"为基本原则，建立一个地方政府、产业、企业、社会组织、农村青年等通力合作和自觉参与的农村职业教育体系，是职业教育助力乡村振兴的首要任务。孟亚男和吴叶林（2021）认为，职业教育和乡村振兴之间的合力需要政府、学校、企业、乡村基层组织以及学生个体之间相互促成，并从宏观、中观、微观三个层面构建引导模式：政府作为高职院校创业教育的领导者和管理者，在宏观上应该建立健全的政策体系和有力的落地举措；高职院校作为政府政策的执行者和创业教育的具体实施者，在中观层面应该坚持正确的教育理念，构建系统的教育工作机制；学生作为创业教育的学习主体和最终实施者，在微观层面要适应灵活的学习制度，同时学校和政府要给予物质精神激励和长效跟踪机制。沈中禹和王敏（2021）从职业教育"育训结合"办学特色的角度出发，提出尝试"现代学徒制"，以校地共建"乡村振兴产业园"为依托，对新型农业经营主体开展耕读形式的实训教学，突出分散性、季节性、实用性的教学特点。田真平和高鹏（2021）提出"校镇合作"模式、"乡村学徒制"模式、"农业众创空间"模式，进而从人才培养、技术创新、平台建设、成果转化等方面提出职业教育支持策略，以此提升职业教育为农服务的能力，最终助力乡村振兴的全面实现。

2.2.2.3　天津市职业教育和乡村振兴耦合度研究

通过2017~2019年对天津市宝坻区、静海区、武清区和宁河区的走访调研发现，农民对农业、林业、养殖业的技术培训有较大的需求，返乡大学生和农民工对服务业态的经营管理等的培训需求较为强烈，基层管理人员、创业妇女等都有再教育的渴望。各区的职教中心发挥了很大的作用，但是依然不能满足多样化的需求，存在一些问题。

第一，培训的实用性不足。天津市的乡村产业振兴以大力发展现代化农业为基本原则，技术的实用性不仅直接关系到农民的收入，而且对实现农业的标准化和专业化有极大的促进作用。在调查对象中，49.3%的农民对果蔬种植技术有需求，31.6%的农民对于发展旅游观光中的餐饮礼仪、民宿服务等技能性培训有需求。农民需要的是实实在在的培训内容，学会了就可以用，就能够转化为市场价值，但是目前各区职教中心师资缺乏，前沿性技术知识没有及时更新，即使有的科研人员授课能力强，但是缺乏实践知识，在授课时不能"接地气"。因此提供的培训内容不够丰富、干货少、实用性差。

第二，培训的持续性不够。在调研过程中发现，大多数农民都参加过培训，但是以短期为主，90%以上的培训时长为2～72小时。短期培训不利于农民对技术的学习使用和反复试错，如果培训结束之后的讨论、求证等环节无法进行，培训就成了一次性行为。但是由于很多老师都是从其他学校中来，或者是外请专家，基本上是讲完课就走，所以农民在培训后的疑难问题无法得到解决，后续服务跟不上。同时由于培训缺乏系统性，没有完整的培训计划，教师聘请的随机性大，甚至会出现同一个技术点多次培训的情况，培训效果堪忧。农民对知识的力量失去信任，职业培训成为短视化行为，无法真正体现教育对农村、农业、农民的改变。

第三，培训的精准性不强。目前大多培训是由政府主导组织的，职业院校只是其中的组成部分，从2015年开始，天津市就把对新型职业农民的培训工作作为新农村建设的重要任务，市农业农村委也组织各大院校的专业进行调研，但是大部分内容都是在研究农业转型问题，对农民的培训需求涉及不多。从业经历、教育程度、农业具体领域等的不同会有差异性培训需求，但是已有的培训主要是从现有的培训资源出发，而不是以农民对技能技术的真正需求为核心。同时在培训的具体环节，也主要采用课堂培训，没有针对培训主体进行分类分层教学，如种植业的田间技术传授、旅游业的现场教学等。

2.3 返乡青年创业行为研究

2.3.1 关于返乡青年创业意愿的研究

在关于返乡创业的意愿研究中，大多数返乡创业者都认为外在环境是催化剂，如城市压力越来越大和农村创业环境改善以及家乡政府农业创业支持力度的加大（徐家鹏，2014；陈雨峰，2016）；家庭结构是直接影响因素，如养老、婚配（庄道元和黄贤金，2015）；个人能力是创业的必要因素，如有一技之长、有丰富的社会资源等；对财富的追求和改变现状的迫切需求是创业的最大动机（林斐，2004）。

但是青年返乡创业有其独特的因素，他们和年长的农民工有着不同的成长背景和环境以及从业经历，更富有进取精神和创新精神，对待返乡创业的选择更多的是考虑自身的性格是否适合创业、获取外部资源的能力是否具备、创业是否会提高现有收入水平。张秀娥等（2013）研究表明，新生代农民工对自身能力与外部资源可获得性的担忧影响其返乡创业意愿。董杰和梁志民（2015）认为，青年农民工不同于一般农民工，他们能够将城市的新知识、新理念、新技术传播到农村中去，影响这一群体返乡创业的因素主要是性格、家乡地理环境、家庭经济、工作年数及稳定性、外出打工收入及创业的期望利润。而外出务工后体质变化、对务农技能掌握情况、家庭中农业劳动力人数、老人医药费负担、回家频率、所学技能对回乡务农帮助等因素对其返乡务农意愿无显著影响。

对于青年群体中的返乡创业大学生来说，创业意愿更多地受政府的优惠政策以及家庭的支持力度影响，牛志江（2010）指出，创业政策可以显著提高大学生对创业机会的识别水平，并激发创业意向。刘志侃和唐萍萍（2014）以陕西10所高校为例，发现家乡贷款优惠程度、税收优惠程度、家庭精神支持程度显著影响青年大学生返乡创业意愿。赵艳莉（2018）认为，创业动机主要源于农村有较多的创业机会、丰富的创业资源和廉价的创业成本。张坤（2018）认为，家庭经济条件和社会实践经历都和创业意愿强相关。

　　不同地域的青年对待返乡创业的态度也是不同的，欠发达地区的青年农民工更关注创业的资金来源和风险承受能力，刘唐宇（2010）以江西赣州280位青年农民工为样本对中部欠发达地区青年农民工返乡创业的影响因素进行调查研究，发现亲友借贷、金融借贷、自然资源的可获取性、创业动机和对待风险的态度等是影响其创业的因素。郭星华和郑日强（2013）等通过对北京和珠三角两地新生代农民工的实证调查发现，家乡的社会风气、家乡消费观念、子女教育等是影响新生代农民工留城还是返乡创业的重要因素。周劲波和汤潇（2017）选取人口统计学中的性别、文化水平、年龄作为统计指标，基于问卷调查和访谈调查得到的数据与信息，利用相关统计软件对广西蒙山县农村青年创业意愿进行统计分析，发现在性别上女性比男性的创业意愿更强、文化水平与农村青年的创业意愿相关性不强、年轻人的创业热情较高，并指出从个人客观背景、提高创业素质和优化外界创业环境三个方面，集聚创业高能要素，吸引更多人才返乡创业，扶持农村青年创业的产业企业融合发展。魏雯等（2018）以陕西省经济发展程度较低地区的部分乡村青年为调研对象，包括短期暂留以及有长期留乡打算的农村青年，研究了个人特征、家庭特征、政策保障与社会支持、就业创业经历、主观感受五大类因素对从事创业活动意愿的影响。

　　由此可以发现，虽然青年返乡创业的意愿在性别、地域、经历背景等维度上有不同的表现，但是和其他年龄阶层的返乡创业者相比，他们追求的不仅是利润最大化，家庭责任与故土情怀也是重要的诱因。返乡现象在当前作为一种与主流的人口城市化相悖的现象，一定是青年主体内生的自觉意识与其行动相互促进的结果，何慧丽和苏志豪（2019）从主体性视角出发，对返乡青年的内在动因进行了理想类区的划分，青年对乡村现代化进程有充分的理性认知，在此前提下，"内在基因"萌发促使其将现代社会与乡村有机衔接。

　　本书从主体性视角出发，通过了解返乡创业青年个体行为发生发展的过程，探求即使在大环境、制度结构总体不利的情况下，个体返乡行为依然持久发生的内在动力及根据，同时建立起社会集体与个体之间的互相作用和关联机制，其中潜藏着此消彼长的依赖、转化和发展关系。

2.3.2　关于返乡青年电商创业的研究

中国国际电子商务中心研究院的调查显示，2016 年农村网商年龄为 20～29 岁的占 75.9%，30～39 岁的占 18.6%，两者之和接近 95%。青年是农村电商发展的绝对主力，也是创业农民中最具创造力的群体，随着大批青年返乡从事农村电商活动，农村电商创业基本形成以青年为主体的发展局面。

2.3.2.1　返乡青年的个体特征方面

农村电商创业青年中男性比例明显高于女性，这主要受传统观念影响，男性青年更倾向于从事风险值较高的创业活动，且年龄主要集中在 25～40 岁，年轻力壮，也具备一定的社会关系、生产经验、专业知识和原始资本。在学历上，由原来以"初中生为主，少量高中生"逐步向本科及以上学历转变，这和全国双创事业的全面推广以及各地政策扶持力度的加大有密切的关系，具备更高学历的青年返乡从事农村电商创业的趋势逐渐增加。曾亿武（2019）通过对浙江、山东、江苏三个抽样区域 397 个电商农户的调查发现，电商创业青年平均年龄在 34 岁左右，开网店前从事与电商相关的工作时间接近 1 年，开网店前创业累计次数是 0.68 次，平均网店经营时间超过 4 年，略超过一半的电商农户主要销售农产品。

2.3.2.2　返乡青年的创业领域方面

冯明（2017）指出，传统种植和养殖业是农村电商创业青年的首选领域，多数农村青年更倾向选择自身熟悉的行业，依托当地土地和自然资源扩大种植业经营规模，依靠专业化组织发展养殖业。农副产品加工业、服务业是其次选择，在农村青年电商创业中也占据了一部分比重，这与城乡经济发展过程中深加工及服务业不断发展从而衍生出大量商机有关。同时，随着乡镇地区商业进一步繁荣，而批发零售行业的条件及准入门槛低、市场需求量大，从事该行业创业的人数也逐渐增加。

2.3.2.3　返乡青年的创业资金来源方面

农村青年从事电商创业主要依靠小额贷款及基层组织的政策性贷款，其次是与亲戚、朋友借贷或个人原始资本。这一特点表明，随着农村小额贷款项目的渐进推广和完善，农村青年电商创业逐渐由自筹向同金融机构借贷转变，资金来源更加稳定可靠。

创业失败是创业过程中最为常见的现象，有的学者关注创业失败的原因。青年作为返乡创业的主要群体，从失败中重新找回自信再次创业，不仅是个人行为，也是维护社会稳定、促进农村和谐发展的重要内容，因此很多学者研究创业失败的修复理论，Shepherd 从心理学的研究角度提出失败修复的两种方式——损失导向和恢复导向。

2.4 农村电商创业研究综述

2.4.1 关于农村电商发展历程的研究

夏青松和汝子报（2015）提出，农民创业是农村经济快速发展和农民收入快速增长的内在动力，是农村劳动力快速转移的战略平台，但是农民自身的知识局限以及农村基础设施的落后会限制农民电商创业的进一步发展。因此，不断完善农村网络、物流等基础设施，提高农民的电子商务意识和能力，是近几年农村电商发展的主要着力点。曾德彬和卢海霞（2020）总结了近 10 年农村电商创业发展的历程：2009～2013 年为萌芽期，此阶段位于城市边缘的农村人群接触到电子商务，成为草根创业者，在自家院子里创业、自发成长；2014～2018 年为扩散期，此阶段早期创业者的财富效应迅速向周边村镇扩散，初步形成农村电子商务产业集群，政府也开始有序引导和支持发展；2019 年以来为爆发期，伴随着人居环境的全面优化和乡村治理体系的现代化转区，农村网商开始企业家化、生态化和新区工业化。

2019 年，电子商务带动农产品上行、促进农民增收的作用进一步显现，全国农产品网络零售额达到 3975 亿元，同比增长 27%，高于全国零售平均增速 10.6%。截至 2019 年 8 月，全国已发现"淘宝村"共计 4310 个、"淘宝镇" 1118 个，2018 年全国"淘宝村"和"淘宝镇"网店年销售额合计超过 7000 亿元，在全国农村网络零售额中占比接近 50%，活跃网店数达到 244 万个（阿里研究院，2019）。

2.4.2 关于农村电商创业模式的研究

农村电商模式也在不断创新。在工业消费品下行方面，在电商服务站、"村淘"的基础上，又扩展了社区拼团、短视频直播、小程序电商等新模式；在农产品上行方面，阿里巴巴成立数字农业事业部，通过"基地"模式与产供销结合的中台体系打造数字农场，实现生产基地数字化管理，建立农业数字分销平台；拼多多在农村地区搭建农产品上行平台和互联网农业数据平台，构建特色农产品的种植、加工、销售一体化产业链条，在"拼农货"体系支撑下探索"多多果园""货找人"模式和"新农商"机制。鲁钊阳和廖杉杉（2016）提出，农村电商对激发农产品"产—供—销"一体化利益链条上各利益主体的创业热情具有显著的促进作用，农产品电商区域创业效应的差异性体现会更有利于不同地区农村经济的发展，因此各地"互联网+农户+公司"模式逐渐精细化和定制化。刘亚军等（2016）在不考虑"互联网"交易平台变量的情况下，总结了不同区域不同产品的"农户+公司"衍生模式：江苏的沙集模式（"农户+公司"：农户在家创业，自主注册公司和品牌，进行生产和销售）、四川的青川模式（"农户+经纪人+公司"：农户在网上开店，并作为经纪人帮助村民销售本地特产）、浙江的北山村模式（"公司+农户"：农民企业家借助互联网创立公司品牌，在当地发展"加盟网店代销+代工厂生产""品牌+渠道经营"的模式）、福建的中闽弘泰模式（"农户+公司+合作社"：农村种、养殖户利用电子商务实现快速发展，以网销打造知名品牌、以专业合作社整合资源）。江苏省的农村电商发展一直走在全国的前列，逐步形成了地方特色农产品驱动和传统产业转区升级驱动的发展模式，王利锋（2018）将其总结为三种类区：以徐州市睢宁县沙集镇为代表的返乡青年创业带动当地家具产业发展模式、以南通家纺城为代表的依靠农村电商产业园助推家纺产业转区升级模式、以宿迁市沭阳县网上花木销售为代表的新区农业电商创业主体带动分散农户参与的发展模式。彭成圆等（2019）认为，产业基础较好、区位交通便利、网络信息技术成熟的苏州农村可打造农村电子商务示范村引领和带动农村电商发展的模式，构建网货下乡、农品进城的网上通道。邵占鹏（2020）认为，返乡青年具有很好的研究决断和指挥分工能力，且具有充沛的精力，适合在不同的电商平台上同时开店。

截至 2019 年 12 月，天津市农村创业创新园区（基地）数达到 88 个，创业创新新型经营主体达到 2417 个，农村创业创新人数达到 6000 余人，年营业收入 65 亿元，带动就业人数 3.8 万人，农村创业创新群体的规模正在不断扩大，创业热情正在不断增长，创业自信心和对政府的信任度正在不断增强。

随着九年义务教育持续大力推进以及职业教育的利好政策，越来越多的农村青年接受过系统完整的教育和培训，造就了大量的农村能人、技术达人、创业开拓者等，他们成为农村电商发展的核心力量，乡村振兴战略的大背景也为青年返乡创业创造了良好的外部环境，随着更多人才、技术、资本等资源要素向农村流动，电商作为农村发展新产业、新业态、新模式的载体，和互联网相连、与大数据合作，共同推动农业区升级。

3 天津市农村电商发展现状

2021 年，天津市城镇化率达到 84.88%，从发达国家乡村演变的规律来看，城市化水平达到 70% 以上时，城市发展思路就应该由规模扩张转变为内涵提升，城市与其周边的乡村在空间、经济、社会、文化、环境等多方面交织融合，城乡关系由割裂转变为共生，乡村才能出现质的升级蜕变。2021 年，天津市三次产业结构为 1.3∶35.2∶63.5，农业农村经济所占比重很低，说明天津地区已经实现了高度非农化，传统农业改革方向已经不适应该地区的农村振兴，天津市农村的发展需要依托市区强大的经济技术支撑力、市场需求拉动力和多元化主体推动力，走出一条内涵式发展的振兴之路。

3.1 天津市发展农村电商的优势分析

农业产业发展需要不断赋能，通过电商平台激发农业全产业链发展，改变农产品的传统销售方式，并通过平台生态效应促进一二三产业融合，从而实现农民持续增收、乡村产业兴旺、农业良性发展。天津农村电子商务的发展具有得天独厚的优势。

3.1.1 拥有有利的地理区位

天津是中蒙俄经济走廊主要节点、"海上丝绸之路"的战略支点、"一带一路"交汇点、亚欧大陆桥最近的东部起点，凭借优越的地理位置和交通条件，成为连接国内外、联系南北方、沟通东西部的重要枢纽，是邻近内陆国家的重要出海口。天津背靠华北、西北、东北地区，经济腹地辽阔，是中国北方十几个省区市对外交往的重要通道，也是中国北方最大的港口城市。有利的地理位置是发展电子商务物流的天然优势，完善的交通网络成为商品流动的重要载体。

3.1.2 培育了优质的特色农产品

天津市地处北温带，受暖温带半湿润季风性气候和海洋气候的影响，四季分明。经过长期发展，涌现出一批特殊品质的特色农产品。天津小站稻是中国驰名商标、全国第一个粮食作物地理标志证明商标，也是国内第一个制定从种子生产到稻米加工全程质量标准的粮食作物。天津小站米更是在全国稻米博览会等高端大米品评中屡获佳绩，是国内优质高端稻米的代表，截至2019年，小站稻种子基地约1万亩，年供种量为500万千克左右，可满足170万亩小站稻种植需求。以区为单位的蔬菜生产种植品种趋于专一化，形成了蓟州区食用菌、西青和武清等区卫青萝卜、宝坻"三辣"等具有影响力的特色区域蔬菜。水产品有七里海河蟹、宝坻黄板鳅、潮白河鲫鱼、州河鲤鱼、杨家泊对虾5个区域公用品牌，其中，七里海河蟹被国家市场监督管理总局批准为地理标志保护产品。电子商务将带着大量特色农产品逐渐从区域性消费向全国性消费转变，从少数群体消费向全民性消费转变，从季节性消费向全年性消费转变，特色农产品产业将成为天津市农业发展的支柱产业，迎来难得的发展机遇。

3.1.3 有完善的信息设备网络

为了进一步夯实农村电子商务服务基础，健全城乡融合发展机制，市政府充分整合利用农村现有各类服务资源，按照有场地、有人员、有宽带、有设备、有网页、有可持续运营能力的"六有"标准，在农村建立健全完善的线上线下服务渠道，推进信息进村入户工程，改造和新建益农信息社，截至2019年，全市建成益农信息社3000个以上，基本实现全市行政村益农信息服务全覆盖，形成完善的信息进村入户服务网络和运行机制，为移动互联网、物联网、大数据等现代信息技术与农业生产经营进一步融合提供信息服务。

3.2　天津市静海区

——以电商销售平台为核心的发展模式

静海区位于天津西南部、北京东南部，素有"津南门户"之称，是"京沪走廊"重镇。2015 年撤县设区，区域面积 1475.68 平方千米，辖朝阳街、华康街 2 个街道办，18 个乡镇分别是静海镇、大邱庄镇、陈官屯镇、大丰堆镇、梁头镇、西翟庄镇、子牙镇、蔡公庄镇、双塘镇、王口镇、沿庄镇、中旺镇、唐官屯镇、独流镇、团泊镇、台头镇、杨成庄乡、良王庄乡，383 个行政村，35 个居委会，常住人口 81.81 万，户籍人口 62.24 万。北环、大邱庄、唐官屯三个乡镇园区列入市级乡镇工业示范园区，50 平方千米的龙海高效农业带正成为静海农业产业的新亮点和农民增收的新基地。静海国际商贸物流园重点发展农产品、加工配送和现代商贸物流产业，构建集生产、加工、商贸、物流于一体的现代化、国际化商贸物流中心和京津冀绿色农产品加工生产物流基地，做好京津冀的"菜篮子""城市厨房""农副产品自贸区"。唐官屯加工物流园重点发展装配式建筑、钢材、石化、电器加工配送和商贸物流产业，建设华北地区最大的物资集散地和成品油仓储交易中心，形成以能源仓储、加工物流和信息服务为特色的专业化、高水平现代仓储物流园区，为电商产业的发展奠定了雄厚的基础。

3.2.1　积极推动电子商务企业发展

初步形成以"金仓吉美格"为载体的区域电商销售平台，2018 年已经有 175 家新型农业经营主体产品入驻平台推介销售，还与全区 103 家合作社签订合作协议，收购农副产品 3000 多吨，收购区内上万户"散户"农副产品 7000 多吨，在带动本区农户致富、促进农民增收方面做出了突出贡献。构建"互联网+龙头企业+农民专业合作社+定向直销客户"的农产品销售运作模式，通过整合优质农副产品资源，从源头上指导农户、合作社的生产，建立农产品追溯体系和食品检测体系，减少食材中间流通环节，解决产销"瓶颈"。

3.2.2 积极推动村级电商服务站点建设

成立电商服务站点建设领导小组，加强协调沟通，保证建设进度，将建设农村电商服务站纳入资金支持范围，给电子商务便民服务站点配备电子商务一体机，为农民提供电子商务基础服务。在 2019 年完成了 54 个村级电商服务站建设的基础上，2020 年利用农村电商服务站点，推动村里特色农产品的上行和消费品的下行，进一步打通村级电商、物流"最后一公里"。2019 年，订单种植面积达到 1 万余亩，涵盖农副产品 50 余种，发展成员社 60 余个，带动成员社实现网上销售总额 3000 余万元，通过直供直销方式销售的农产品已达 38 万吨，占全区农产品销售总额的 61%。村级电商服务点大幅提升农村商品配送能力和综合服务功能，促进农村商品消费和农产品流通交易。

3.2.3 推进电子商务与物流高质量协同发展

建设快件处理中心与分拨中心、快递末端公共服务设施组成的快递物流设施体系，加快建立智慧物流配送体系，推动京东"亚洲一号"、菜鸟中国智能骨干网等现代智能化物流项目落地。加强智慧商贸物流末端基础设施建设，与阿里巴巴（中国）软件有限公司签订电子商务发展项目合作协议，构建基于互联网和移动互联网的末端物流配送体系。2020 年，全区建成电商仓储配送中心，引导快递企业加强与农产品电子商务企业及农产品原产地的合作，已有 31 家快递企业在 18 个乡镇布设网点 103 处，顺丰、申通、汇通、圆通、天天等快递与农村电子商务协同发展，日均快递单量已突破 1 万件。通过"互联网+快递"，拓展农产品线上、线下多种销售渠道。推动仓储配送中心转区升级，在实现区内同城配送的同时为区内企业提供智能化、标准化、现代化的仓储物流服务。

3.3 天津市宝坻区

——以"国家科技园+电商"为核心的发展模式

宝坻区位于天津市北部,地处京、津、唐三角地带,临近渤海湾,东及东南与河北省玉田县、天津市宁河区相邻;南及西南与宁河区、武清区接壤;西及西北与河北省香河县、三河市相连。宝坻区辖6个街道——宝平街道、钰华街道、海滨街道、周良街道、朝霞街道、潮阳街道;18个镇——大白庄镇、口东镇、霍各庄镇、史各庄镇、牛道口镇、大口屯镇、新开口镇、牛家牌镇、郝各庄镇、大唐庄镇、尔王庄镇、王卜庄镇、方家庄镇、林亭口镇、八门城镇、黄庄镇、大钟庄镇、新安镇,区政府位于宝平街道,常住人口约71.06万人。

宝坻区加快发展现代都市型农业,申报获批国家现代农业产业园、国家农业科技园,水稻种植面积达到47万亩,打造了八门城田园综合体、林海龙湾菊花园等休闲农业观光项目,获评全国休闲农业和乡村旅游示范区、全国农村一二三产业融合发展先导区;356个村庄成为美丽村庄,小辛码头、欢喜庄村获中国美丽休闲乡村、中国美丽田园称号;建成高标准农田42万亩,粮食生产连年丰收,荣获国家农产品质量安全区称号,为农村电子商务的发展撑起了坚实的后盾。

3.3.1 建立"区级电子商务运营中心+基层综合服务网点"的营销模式

实施电子商务惠农工程项目,由供销合作社主导、企业经营的"区级电子商务运营中心+基层综合服务网点"的营销模式,引导涉农企业、农民专业合作社开展线上交易,推动地标产品进入京津高端市场,建成"劝宝网上商城",与全国总社"供销e家"平台实现对接,建成电子商务运营中心和230家农村电子商务综合服务站,打通农村电子商务"最后一公里"。同时,结合"互联网云"促消费,发挥劝宝电商运营中心的作用,提供为农服务、农资对接、网上代购代销等云支持,鼓励引导大型商超利用美团、饿了么、京东到家等网络售卖平台,拓展"云上生意"。

3.3.2　整合产品资源

发挥劝宝基地、净菜加工、劝宝超市优势，对品牌二次建立、产品二次设计、信息流一体化整合、供给一体化、利润模式创新、运营团队培养6个关键环节进行服务指导。截至2020年6月，已组织指导区内150家农业企业、专业合作社、家庭农场、种植大户基地进行信息及部分产品信息整合。拓宽销售渠道，以商城客户端、小程序、劝宝微直播等社交工具为引流入口，增强平台曝光度；先后参加"CAF上海农博会""全国名特优农产品展销会"等特色农产品推介会，广泛推介宝坻大蒜、宝坻天鹰椒、宝坻大葱、劝宝小站稻等区域内特色农产品。

3.3.3　依托国家科技园区发展电商产业

天津宝坻国家农业科技园区由稻海小镇（八门城镇）稻蟹立体种养产业核心区和周良街道水族文化创意产业园观赏鱼孵化养殖产业核心区组成，占地面积约16713亩，2020年底获科技部批准建设。核心区积极探索运用"直播+农业+电商""生产基地+中央厨房+餐饮连锁"的一体化模式，依托"网红经济"带动农产品网络销售，建设特色休闲设施，发展农业科普旅游，围绕健康和体验两大要素设计谋划游乐活动，打造静可悠悠体味、动可尽情欢愉的生态休闲旅游。

3.3.4　大力发展直播电商

新冠疫情以来，直播电商异军突起，网络直播、"网红经济"成为新的发展趋势，宝坻区顺应形势、抓住机遇，推动线上经济与实体商贸深度融合、一体发展，带动全区电商新模式、新产业发展，创新营销方式，讲好本地故事，拓宽宝坻特色产品的销售渠道，带动更多企业、商户和群众增收。大白庄镇积极探索直播带货模式，组织开展"电商培训"，大力发展线上经济，产品滞销问题得到有效缓解，拓展了富民强镇发展的空间。用活新媒体思维，发挥政策引导作用，更好地扶持和服务线上经济发展，集中培育一批有规模、有品牌、有影响的线上零售及直播带货等功能性服务平台企业，促进全区经济转型升级、高质量发展。

3.4 天津市蓟州区

——以"旅游+电商"为核心的发展模式

蓟州区位于天津市最北部，地处京、津、唐、承四市之腹心。全区总面积1590平方千米，下辖26个乡镇、一个城区街道办事处、949个行政村、31个居委会，常住人口79.55万人。结合"东生态、西苗木、南蔬菜、北休闲"四区产业布局，蓟州区重点打造14个种植业产业园区和基地，带动周边农业产业上档升级。投资5.13亿元，实施产业帮扶项目21个，已投产17个，2020年底实现收入2.27亿元，吸纳困难村劳动力1700人。分级分类开展普惠性技能培训，鼓励支持科技人才和大学生返乡创业。新增就业5059人，完成年度任务53.2%。充分发挥旅游资源优势，区政府设立1000万元引导奖励资金，专项用于重点旅游村环境整治、公共设施建设、低水平农家院改造和民宿设计，推动农家院提升服务功能、发展高端民宿，已建成旅游民宿36户，在建47户。

2021年，蓟州区被评为第三批全国农业农村创业创新典型县，近年来，蓟州区坚持以创业创新为引领，全面优化政策支持，农业高质量发展迈出坚实步伐。积极促进小农户与现代农业有机衔接，深化农业经营管理体系创新，新培育农户家庭农场140个，新增市级示范家庭农场27个，全区家庭农场达2820户。加快乡村产业融合，新增市级农业龙头企业1家，培育市级农业产业化联合体1家，为电商的发展打下了雄厚的基础。

3.4.1 培育农特产品区域品牌

强化"蓟州农品"区域公用品牌建设，组建"蓟州农品协会"，充分发挥品牌引领示范带头作用，同时深化与天津港集团、天食物美集团等大平台合作，打造以"蓟州农品"为代表的竞争力强、知名度高的区域农产品品牌。2021年，累计建成有机食品基地面积2099亩，绿色食品基地面积17.1万亩。绿色、有机认证农产品达150种，"津农精品"达22个、国内知名农产品品牌1个、全国名特优新产品 2 个，在京津冀叫响"好山好水好农品"品牌。在京东中国特产·蓟州馆的销售中已经有 100 余个农产品上线，截至 2020 年 8 月，实现交易额 210 万元，新增绿色食品标志产品 3 个，新增食用菌、草莓基地面积 841.69 亩，新发展绿色食品企业 2 家。

3.4.2 发挥旅游特色，打造乡村旅游创客电商基地

依托蓟州得天独厚的地理优势，抓住京津冀协同发展这一契机，独创"互联网+旅游+众创空间"的创新商业模式，使创客与旅游及电子商务无缝对接，紧紧围绕"乡村之家"乡村游社交分享平台及线上线下体验中心，将传统的旅游集散功能与互联网多媒体技术相结合，使乡村旅游与"大众创业、万众创新"衔接，注入"互联网+"的智能化、多元化载体，绑定乡村旅游一二三产业链融合发展的创新理念，实现智慧旅游与电子商务的完美融合。基地打造的天津市首个专业众创空间——生态农业众创空间，为从事乡村旅游和生态农业的创客实现二次创业提供了便利，结合"乡村之家"电商平台进行统一推广，无缝对接"互联网+"的创新型乡村旅游创客电商基地，面向蓟州区丰富的农业产业和旅游产业。2017 年以来，入驻众创空间的创业团队达到 105 家，其中，大学生创业团队 54 家，已有创业成果的 78 家，上线农家院 400 家，合作生态农庄 14 家，农产品 400 多种，包括生态农业养殖、绿色食品加工、文化创意、生态农业旅游等领域，对天津乡村旅游发展起到积极的促进作用。

3.4.3 搭建农产品区域电商平台

建立"蓟州农品公众号"微商城，利用"智慧蓟州 App""爱逛""淘宝主播"等直播平台销售蓟州农产品。完成第二批益农信息社建设，截至 2020 年，总数达到 908 个，通过益农信息社平台建立旗舰店 11 个，发布农产品销售信息 23 条。充分发挥区农村电子商务公共服务中心服务、培训、聚集功能，设立培训室 24 个，聚集大学生创业企业 35 家、电子商务企业 24 家，进行农产品销售。成立融媒体中心生活帮体验馆、绿食中心电商服务中心，举办首届电商购物节，获评全国"互联网+"农产品出村型试点区。

3.4.4　打通新型营销渠道

利用"电商网+品牌农业"新型营销模式，鼓励新型农业经营主体开展网上营销，以农产品网上销售带动市场化、促进规模化、提升品牌化，通过开展"年货节""诚信3·15品质放心购"等多种线上促销活动，带动农产品销售，扩大市场影响力。借势"双11"电商大促，推动蓟州农品天猫、京东、微信和拼多多四大平台店铺同步上线。2020年"双11"当日，"蓟州农品"北京朝阳社区直营店正式营业，通过"店面销售+直通车"运营，实现一小时内蓟州优质农产品直达北京市民餐桌，当日营业额达3.4万元。同时加强对外交流合作，积极参加2020年第五届京津冀品牌农产品产销对接活动，利用"农交会""农民丰收节"等各类展会、展销活动进行推介，提升蓟州特色农产品的对外影响力和市场竞争力。开通"智慧绿食""蓟州农品"两大公众号，合力开展农品品牌推广。

3.4.5　健全人才队伍建设

全力培训农村创业创新人才和带头人，截至2021年，累计发放农创保贴息贷款2.5亿元。加强农业实用技术培训，培育种植能手、科技带头人等新型农民，开展职业技能培训1.2万人次。实施蓟州十大优才服务项目，推选优秀农村创新创业带头人32名，科技特派员队伍达到200名。

3.5　天津市武清区
——以电商服务为核心的发展模式

武清区地处京津之间，位于天津市西北部，北与北京市通州区、河北省香河县相邻，南与天津市北辰区、西青区和河北省霸州市相连，东与天津市宝坻区、宁河区搭界，西与河北省廊坊市接壤。撤县建区以来，武清区启动实施武清新城黄金走廊建设、新区开发、旧城改造"三大战役"，加快城市拆迁改造步伐，优化城市功能布局，初步树立现代化中等城市形象。同时坚持统筹城乡，加快城镇组团式发展，先后实施两批 7 个示范镇建设，全面提升农村建设发展水平。

武清积极抢抓京津冀协同发展战略机遇，准确把握电子商务产业发展趋势，充分发挥区位、交通和环境等优势，加大电商产业谋划规划和招商力度，全区电商产业呈现出快速聚集、蓬勃发展的良好态势。2017 年，全区电子商务及关联企业已经达到 670 余家，2017 年底实现结算额 1600 余亿元，相关从业人员达到了 4 万余人，对于拉动全区的经济发展和促进就业都起到了积极的作用。农村淘宝项目自开展以来已建成村级服务站和特约服务站 200 余家，实现了全域覆盖。阿里巴巴（菜鸟网络）、当当网、京东商城、唯品会、聚美优品等 B2C 类电商全国 20 强中有 19 家落户武清。同时，武清作为全市第一个农村淘宝试点单位，工作启动以来取得了良好的成效。

3.5.1 培养青年电商队伍

2016 年以来，武清区以推广农村淘宝为突破口，启动实施"农村青年电商工程"，引导青年扎根农村，助推农村电子商务产业发展。为广泛输送人才，团区委围绕发扬农村青年创新创业工作精神，按照区农村电商工作领导小组安排部署，以"先选人后选村"为指导思想，以基层团组织活力工程、寻找农村好青年等活动为重要抓手，在 29 个镇街进行"村淘合伙人""淘帮手"拉网式推荐选拔。为帮助"村淘青年"的电商事业顺利步入正轨，团区委与区电商工作领导小组密切配合，认真梳理现有青年创新创业扶持政策办法，利用基层团组织活动阵地开辟专栏，介绍村淘项目，让"村淘青年"目标更加明确、工作更有动力。同时，立足自身职能，发挥资源优势，推进农村青年电商工作开展，利用"青春武清"微信公共平台，策划制作农村青年电商宣传产品，以青年人喜爱的方式介绍推广村淘项目，不断提升影响力，扩大覆盖面积。截至 2016 年，运营村站发展至 56 个，区域每月包裹平均达到 33600 个，村淘合伙人每月平均收入达2500 元，其中，部分合伙人每月收入近 5000 元，在各区县中发展迅速、效果显著。

3.5.2 加快农村淘宝建设

建成村级服务站和特约服务站 200 余家，实现全域覆盖。建立全市首家天猫优品服务站，针对大件家电提供"送装一体"全方位服务，同时与菜鸟物流合作，打通快递到村服务"最后一公里"。推动农村淘宝"村小二"组建电商小组，创办"武清味道"淘宝 C 店，在线上销售南辛庄香油、东马房豆腐丝等本土特色农产品，为在网络上寻找家乡味的外地人和对外交际的本地人提供服务，运用乡愁情怀等不断更新产品组合，满足个性需求，店铺上行产品 100 余种，月销售额近 3 万元。打通农村淘宝线下站点渠道，通过村淘站点集单形式售卖本土特产，满足消费者个性化需求。

3.5.3 推动区域农产品公用品牌建设

实施品牌强农工程，打造"武清味道"统一品牌，不仅让好产品卖上好价钱，双商标制还可以带动企业品牌迅速成长，带动全区域"生态精品农业"发展，实现农产品品牌化，并探索构建"母子品牌"运行模式，实现农业企业子品牌严格准入和农产品溯源监管。通过不断提升母品牌"武清味道"的影响力，以"母鸡带小鸡"方式，降低生产主体进入市场的成本，实现子品牌产品溢价，走活扩大农产品有效供给之路。截至 2018 年，已孵化"小兔拔拔"水果萝卜、"小熊掰掰"水果玉米和"小鹊登枝"水果番茄超级 IP，"益捷""天民"等 20 余个品牌成为津农津品和国内知名品牌。

3.6 天津市宁河区

——以全域电商为核心的发展模式

宁河区地处京津冀城市群几何中心，区域面积为 1296 平方千米，辖 14 个镇、270 个行政村、33 个居委会，人口 42 万，城区设在芦台镇。2019 年，宁河区实现地区生产总值 285.8 亿元，增长 15.9%；公共财政预算收入 25.02 亿元，增长 17.7%；固定资产投资 145.84 亿元，增长 26.7%；居民人均可支配收入 28578 元，增长 7.6%。宁河区乡村振兴战略稳步推进，产业结构不断优化。创新推广"龙头企业+村级党组织+合作社+农户"联结机制，截至 2018 年，全区农民合作社和家庭农场等新兴生产经营主体接近 2000 家，55%以上土地实现规模化经营，85%以上农户进入产业化经营体系。2020 年 12 月，通过农业农村部、财政部考核验收，建成全市第一家"国"字号现代农业产业园，园区已完工 17 个项目，投产 9 个，总产值实现 52.2 亿元，较 2019 年提高 48.6%。水稻种植面积增至 18 万亩，建成节水农业 4000 亩、设施农业 1000 亩。新型农业经营主体达到 948 家，创建畜禽标准化示范场 3 个、优质高效渔业养殖生产基地 7 个。生猪出栏 50 万头以上，农产品监测总体合格率达到 99%。

宁河区围绕"互联网+"推进现代农业发展，坚持传统农业业态与电商产业线上、线下业务融合，大力培育电商及关联企业，"吃乐马"等三家电商产业园规模不断壮大，着力推进农村电商健康发展。自 2015 年以来，全区电商发展呈现出喷薄发展态势，电商企业从 21 家增加到 71 家，电商销售额从数百万元攀升到上亿元，电商服务站点从"零"突破到 65 家，农村和社区快件综合服务网点发展到 28 家。

3.6.1　加大电商人才培育力度

邀请市电商协会、京津地区电商企业负责人授课，累计组织电商企业、乡镇干部和农村青年 3000 余人次参加电商培训。积极组织参加电商展会，学习电商前沿技术，分享电商发展经验，推广宁河电商企业。

3.6.2　注重产品质量提升

以特色农产品和先进制造业为突破口，引导"三品一标"产品（无公害农产品、绿色食品、有机农产品和农产品地理标志）和著名商标、驰名商标产品"触网"销售，以七里海河蟹、天祥水产鱼、岳川豆瓣酱等为代表的优质商品，在各大电商平台迅速打开局面。依托国家现代农业产业园，建立智慧农业大数据中心和综合管理服务系统，布局 186 个物联网点位，完成农业云基础平台、农产品质量追溯、专家在线、移动 App、农业遥感大数据监测等系统板块设计开发，为宁河区 13 万亩农田和 40 家农业企业提供数据支撑服务。建成我国北方地区大而强的水稻原种繁育场"北方水稻研究中心""天津市食味米科技发展中心"，截至 2018 年，园区内水稻种植面积达 15 万亩、稻蟹混养面积达 13 万亩，通过国家级、省部级审定"津原系列"水稻新品种达 35 个，覆盖全市水稻种植面积的 95%。建成年出栏 10 万头的生猪规模化养殖基地和原种猪遗传育种科研合作平台，培育的"天河"种猪获"中国名牌"称号，保障了电商农产品的高质量供给。

3.6.3　注重电商配送网络建设

以未来科技城商贸物流园为中心，确立了"一区三中心"物流空间格局，全力打造绿色农产品、电子商务、汽车配件和工业制品为主的物流体系，着力加强农产品冷链物流建设。引导企业建设农村电商服务网络，截至 2019 年，建成农村电商服务站 65 家、农村和社区快件综合服务网点 28 家，投放智能快件箱 53组，更新快递车辆 8 辆。

3.6.4　发挥外力外脑促进作用

举办了未来科技城电商产业发展论坛、七里海河蟹节电商推介会、丰收宁河·天津宁河首届全国大米展销会等活动，邀请中国电商与物流智库、优联资本等企业参加，共同研究探讨农产品触网销售、电商出村试点工作。截至 2019 年，全区共发展培育电商企业 62 家，涵盖鲜花、蔬菜、水产、办公用品、电动车、百货等多个行业。

3.7　结束语

天津市农村电商的发展有着得天独厚的优势，各农业区均已建立起较为完善的区域电商运营中心，也在区域农业品牌化的道路上逐步摸索经验，物流配套设施也在不断完善，发展较快的农业区如武清区、蓟州区在对其他省市的电商扶持中成功复制了自己发展的模式，说明天津农村电商正在逐步走出一条具有更广泛参考价值的模式。但是各农业区面临的问题也很明显，就是电商人才的短缺，即使有的农业区成立了创业基地或创客中心，但是发挥的作用很小，已有的电商参与主体大多是当地的农民，技术技能水平不高、创新能力较差，吸引更多人才回流到农村，是实现农业现代化发展的根本途径。

4 天津市返乡青年创业行为的原因分析
——基于学习型青年视角

通过对天津郊区青年就业创业者的微纪实访谈形成的多个案例进行梳理和分析,发现随机采访对象中大专以上学历的青年占到了39.1%,接受过一个月以上技能培训者约占13%,创业知识的获得是其就业创业选择的重要变量,因此,本书从学习型青年的角度探寻创业者从学习到实施就业创业行为这一过程的成长脉络,构建创业学习与创业行为之间的关系框架。

4.1 样本选择

党的二十大报告强调,加快建设农业强国,扎实推动乡村产业、人才、文化、生态、组织振兴。返乡青年中有很大部分人受过系统的知识训练,不同于以往的返乡主体,他们能够创新农业生产经营形式,利用多种途径践行产业融合,他们是促进乡村可持续发展过程中人才振兴的后备力量,故将其界定为"学习型返乡青年"。调研团队采用随机访谈的方式,对宝坻区、武清区和蓟州区创业者进行微纪实访谈,一共访谈了40余人,其中,年龄在35岁及以下、有过大中专以上学习经历或接受过系统培训的青年创业者共23位,剔除不完整的调研资料,选取其中16位作为研究样本,提取与创业学习、初创企业成长相关的关键因素,汇总形成表4-1。

表4-1 样本基本信息

序号	创业者	性别	年龄	教育程度	经验知识	业务内容	创业路径	遇到问题
1	崔先生	男	29	本科	大城市就业经验	做新媒体	先就业后创业	缺乏专业人才
2	张先生	男	30	本科	大公司就业经验	日常生活用品销售	先就业后创业	相关知识缺乏
3	崔先生	男	31	本科	公司就业经验	农产品种植销售	先就业后创业	新品种研发
4	王先生	男	29	本科	大公司就业经验	肉牛加工销售	先就业后创业	经验不足
5	于女士	女	27	大专	家庭环境	农产品种植销售	先就业后创业	和顾客沟通不足
6	何先生	男	27	中专	家庭环境	农产品种植销售	先就业后创业	运营、品质、标准化生产方面存在困难
7	孙女士	女	35	大专	国有企业就业经验	乡村旅游	先就业后创业	老年劳动力的调动
8	司先生	男	35	中专	家庭环境	蔬菜种植销售	先就业后创业	见识有限
9	高先生	男	31	大专	大公司就业经验	网店运营	先就业后创业	缺乏专业人才
10	李先生	男	32	大专	大城市就业经验	做互联网电商平台	先就业后创业	缺乏资金
11	张女士	女	35	中专	社会技能培训	技能培训	先就业后创业	视野受限
12	吕先生	男	32	大专	大公司就业经验	技能培训	先就业后创业	无
13	崔先生	男	31	大专	大公司就业经验	人力资源培训及系统开发	先就业后创业	缺乏市场认可度
14	陈先生	男	33	退伍军人	社会关系技能培训	钢材销售	先就业后创业	传统行业的网络化等
15	王先生	男	34	中专	家庭环境	纺织品加工销售	先就业后创业	缺乏经验
16	任女士	女	34	中专	家庭环境	手工艺品加工销售	先就业后创业	产品设计及宣传

样本1简介：创业领域是做新媒体。大学毕业之后先后在北京的影楼做过外展、部队做过编外摄影，2016年听从朋友的建议，以及受家乡影楼从业者的成功案例的影响，决定返乡创业。但是返乡之后通过做影楼摄影的深度市场调研，发现该领域基本已经饱和，于是转向新媒体行业，因为他一直对新媒体很感兴趣，平时关注得也就比较多，对这个领域还算是熟悉。所以在新媒体创业中，主要是充分利用自己的文化知识和视频剪辑技术，为各大企事业单位制作宣传短片。创业资金来源主要是自筹，创业形式是和朋友合伙，创业过程中遇到的最大问题是人才留不住，农村对于人才的吸引力还是比较低的，而且行业发展太快，需要不断地学习和培训，时间成本和经济成本相对来说有点高。

样本 2 简介：创业领域是日常生活用品销售。大学毕业之后在大型国企做过技术工人、车间主任、行政人员以及销售人员，收入水平一般，结婚生子之后迫于家庭经济压力，决定辞职出来创业。创业资金来源主要是自筹，从摆地摊卖小物件的低成本创业开始，逐步积累原始资金，敢于吃苦，有市场敏感度，能够紧跟时代潮流，在选品和营销方面不断创新，逐步做到目前有三家实体店铺、一家网店的创业规模。创业形式是个人独资，创业过程中遇到的最大问题就是对与创业相关的很多基本知识认知不够清晰，如对知识产权、产品准入等常识了解不清晰导致经营损失，以及对电商领域的最新规则等新业态的认知比较落后，无法很快适应新的营销手段和开展新渠道经营。

样本 3 简介：创业领域是农产品种植销售。主要是草莓的种植及销售，大学毕业之后先就业，分别在上海、天津市区的企业做过销售。在工作过程中认识了专门做农业研究的大学教授，想做草莓种植技术的应用研究，他在原来的工作中体会不到乐趣，也想为家乡做点事情，于是在乡镇的大力支持下流转了 50 亩地，建立了草莓种植示范基地。他先去其他做得好的种植基地学习、打工，然后和教授一起经营草莓种植基地，并且逐步增加了新品种。有线上销售店铺，也有线下批发。创业资金主要由两部分构成：自有资金和政府补助。在创业过程中，土地的流转整合难度较大，以及基地建设的基础性配套设施不够完善，在解决困难的过程中乡镇政府给予了大力支持，但是不断适应市场研发新品种是难题。

样本 4 简介：创业领域是肉牛加工销售。大学毕业之后先去了天津市的一个股份制上市公司做办公室工作，后来转到生产车间，逐步接触到牛肉加工领域，半年内学习了牛肉不同部位的屠宰、保存、加工方法和技术，然后自己组建团队出来单干。创业资金主要来源是信用贷款，由于前期准备充足、市场认可度较高，他用一年的时间就还清了贷款，企业也注册了商标，开始着手建立品牌文化。创业形式是合伙，主要合伙成员是之前一起工作的同事，都是对行业比较了解的年轻人，掌握了一定的饲养技术和生产加工工艺，线上、线下销售同步推进，在淘宝平台开了旗舰店，周边销售主要利用政府提供的区域电商平台。创业遇到的困难就是要想把品牌做大，需要投入更多的资金和学习更为成熟先进的技术，积累更多经验，对标国际一流标准。

样本 5 简介：创业领域为农产品种植销售。家里一直在经营水果店，希望她能回来帮助家里的生意。于是去了阿里巴巴学习，开始接触网店，学成之后增加了原有水果店的线上销售环节。后来在旅游景区和朋友合伙开了果汁店，传承家里留下的榨汁手艺。创业过程中遇到的困难是和顾客的沟通，最初的主营农产品是水果，种植技术不够精细，无法完全做到标准化生产，因此顾客之间的口碑传播效应参差不齐。还有就是包装和运输问题，水果本身的特性对包装和运输要求较高，无形中增加了成本。随着经验的积累和不断学习，这些问题都逐步得到了解决，线上产品种类也增多了，顾客也较为稳定，并且通过公众号的建立和维护，积累了很多忠实顾客。

样本 6 简介：创业领域为农产品种植销售。中专毕业之后在国有企业做过工人、自己开过饭店、做过销售，在南方工作了一段时间，为了能够更好地照顾父母妻小，回到了家乡，做葡萄的种植与销售。创业资金主要是自有资金，创业形式是合伙，与发小共同投资，先后建立了几十个大棚种植葡萄，坚持品质第一，走高端路线，一部分大棚留作自营，主要批发给电商大户销售；另一部分大棚出租给其他农户经营，通过网络平台零售。创业中遇到的困难是农产品运营难度大、品质难以控制、产品的标准化生产难以做到。

样本 7 简介：创业领域是乡村旅游。毕业之后先是留校，后又被推荐到国有企业做办公室工作，在工作中遇到了无法接受的事情导致辞职。开过花店，后来做文化传媒公司，其中，政府的业务做得比较多，就有机会了解到乡村旅游以后是个重点发展领域，于是开发了一个农场并且生产和包装农村特色产品礼盒。农场主营产品是菜籽油，通过电商平台做产品零售，通过绿色有机农产品销售渠道供应各大商超，同时建立公众号做农场的旅游活动宣传，重点打造亲子游。创业资金来自自筹、政府补助和贷款，创业形式是合伙，遇到的困难是说服和培训留守老年人种植油菜花，调动他们的积极性和主动性。

样本 8 简介：创业领域是农业种植，主要是蔬菜的种植及销售。中专毕业之后先去做邮递员，然后去陶瓷厂打工，收入过低，又到了成家的年龄，于是辞职出来自己创业。先是依靠家里的积蓄做初始资金，做简单的蔬菜倒卖，由于经验不足，赔了钱。吸取教训之后，在农村信用社贷了款，又向亲戚借了钱，再次创业，逐步实现盈利。现在主要通过区域电商平台销售新鲜蔬菜水果，有了平台后台的大数据，进货品种和数量能够掌握得更清晰，有效减少了库存和损失率，利润也得到了提高。创业期间的困难是见识少、跟风走，赚不到大钱，只能赚辛苦钱，以后还是要抽时间多学新鲜知识，紧跟时代。

样本9简介：创业领域为网店运营。高职在校期间学习的是计算机网络专业，毕业之后在阿里巴巴工作过一段时间，先是在分公司，后来到了杭州总部，积累了一定的经验，由于家人身体健康问题返回家乡，开始自主创业，先后做过电脑硬件、软件生意及写程序、建立网站等，现在主要是为政企单位开发和维护管理系统、提供网络解决方案，为农产品企业做网店代运营等。创业资金主要是自筹，创业形式是个人独资，创业过程中遇到的最大问题就是人才流失过快，在乡村不好留住人才，尤其是网络技术、电子商务等前沿领域，大城市的机会更多，员工不好招，招来不好留。

样本10简介：创业领域是互联网电商平台，主要做当地的区域平台。高职毕业之后在天津市里的一家建筑公司做办公室工作，后来由于行业不景气收入下降，父母又盼其成家立业，因此决定返乡创业。最初是在农村承包建筑工程，但是利润下滑严重，连环债过多，决定转行做互联网业务。他平时就喜欢钻研电脑之类的网络设备，所以决定从这个领域入手重新创业。经过一段时间的外出学习，成立了互联网零售平台，主要做当地业务，集产品、店铺运营、物流、客服于一体，为区域内的农产品和特色产品的网络销售服务，同时对接淘宝和京东平台，整包对外销售当地产品。创业中遇到的困难就是资金链不顺畅，投入大、贷款难，工作人员技术培训费用较高，留住人才的成本高。

样本11简介：创业领域为技能培训。高职所学专业是幼儿教育，毕业之后在一所民办幼儿园工作，后来考取了会计师证书，逐步接触到技能培训这个领域，于是辞去幼儿教师的工作，成立了人力资源培训机构。利用互联网平台组织报名、培训、考试以及取证，实现完全信息化和网络化，培训机构工作人员一共才3名，但是业务进展很顺利，利润也较高。创业资金是自筹，创业方式是个人独资，最大的困难是对所在领域的行业动态和发展趋势见识有限，与行业大咖交流的机会较少。

样本12简介：创业领域是技能培训。高职所学专业是计算机，毕业之后去了上海的一家公司，从后勤到办公室，再到市场部及区域经理，积累了丰富的生活经验和工作经验，后来出国留学拿到了本科学历，回国后回到家乡自主创业，主要业务是给政府部门、下岗再就业、失业想创业的人员提供电商培训，同时为这些想通过互联网创业的人提供落地方案和就业创业指导。创业资金是自筹，创业形式是个人独资，创业困难是存在的，但是一定都是可以解决的，努力向前走就可以了。

样本 13 简介：创业领域是人力资源培训及系统开发。高职毕业之后先后做过销售和办公室工作，尤其是在做销售工作时，意识到了人力资源管理的重要性，以及很多企业在这方面的缺失，所以辞职和好友共同创业，成立人力资源培训与管理公司，主要业务是对企业的行政人员进行培训以及对有需要的企业提供人力资源系统或软件的开发服务。创业资金主要是自筹，遇到的困难是很多企业还没有意识到加强人力资源管理的重要意义，不愿意投入成本做这件事情，好在公司已经做出了一些成功案例，市场逐步在打开。

样本 14 简介：创业领域是钢材销售。在部队获取大专学历，之后退伍，经朋友介绍，进入一家不锈钢企业做销售，然后离职和朋友合伙创业，主要通过网络做不锈钢市场的推广。创业资金来自自筹和向亲戚朋友借款。通过公众号对不锈钢产品常识的介绍和对顾客疑难问题的解答进行知识性推广，提高品牌的市场认知度。创业遇到的难题就是传统行业的网络化，以及如何利用电商平台、大数据信息进行产品市场的开发和客户的维护。

样本 15 简介：创业领域是纺织品加工销售。中专毕业之后做过汽车维修，后来由于家里的粗布作坊需要人手，就回到了家乡。在原有机器的基础上，向农村信用社贷款又新购置了更为先进的生产设备，提高了产量。在阿里巴巴注册了工厂店，主要做批发，但是不懂电商，销售效果不是很好，考虑到成本问题，也不愿意花钱让别人代运营，因此目前主要的销售对象还是原来的老顾客，但利润被压得越来越低，以后还是希望能通过电商渠道直接销售给顾客，不通过中间商，进而提高利润。

样本 16 简介：创业领域是手工艺品加工销售。中专毕业之后先后在几个工厂打工，后来受到家里长辈的影响，也想把这种技术传承下去，于是返回家乡开始学习编织技术，前期资金都是向亲戚朋友借的钱，建立了编织厂。通过村里举办的淘宝电商培训了解到可以利用网络销售产品，于是开了淘宝店，但是销量并不是很好。政府也给予了很大的支持，通过电视节目对产品进行了宣传，但是最主要的还是有懂电商的专业人员给予了指导。困难是需要设计带有新的时代元素的产品来迎合市场，并且与外界合作进行宣传、深加工。

4.2　返乡青年创业行为的原因分析

通过对 16 位创业者的访谈梳理可以看出，乡村振兴战略的实施为农村经济的发展注入了活力，农村基础设施的改善、农业现代化的经营模式、农民思想意识的转变使在外就业和学习的青年人看到了返乡发展的机会，这些青年人也正是在乡村振兴战略深入实施下发展起来的新型农民，他们有知识、有技术、有胆识，有的已经建成小规模家庭农场，有的在积极推进和完善当地农民合作社的建设。人才战略是乡村振兴的"引擎"，"引才"是基础，"留才"是根本，厘清返乡青年的创业行为逻辑，可以更具有针对性地"用才育才"，为农村发展可持续地"引才留才"。

4.2.1　创业学习与兴趣

4.2.1.1　创业学习

创业学习是从各种积累的经验中进行学习，来提升自己知识存量的过程（Smilor，1997）。但是学术界关于创业学习的概念却有着不同的解释，这主要源自研究视角的不同。一是行为主义视角，如 Petkova（2008）基于试误说的创业学习模型，提出了产生结果、辨析错误、改正错误的创业学习过程。Holcomb 等（2009）以直观推断为核心构建了一个重在反映直观推断、知识和创业行为之间关系的创业学习模型。二是实用主义视角，如 Politis 从创业者的经验转化为创业知识这一过程出发构建了一个基于经验的创业学习模型。Alegre 等（2013）提到，知识是创业学习中必不可少的资源，创业学习对于新创企业采取创业行动尤为关键。张秀娥和徐雪娇（2017）通过识别创业机会，分析了创业学习过程。三是社会网络视角，如魏江等（2005）提出，企业家通过特定的网络获取信息和资源并进行学习，是提升企业家能力的重要途径。蒋剑勇等

（2013）、董晓波（2007）分别对社会网络中资源获取对农民创业的作用进行了分析，认为社会网络为许多的创业农民提供了资金等创业核心资源，对农民创业起到了重要的作用。四是系统论视角，如 Crossan（1999）认为，学习是知识存储和流动的一种整合，而且是在组织内部多水平基础上产生的，即在个体、团体和组织水平上都会产生学习活动。五是人本主义视角，基于这种视角的研究者认为，如何提高创业者的自信心、抗压能力、情绪控制能力以及如何转变态度等，都应该纳入创业学习的范畴（丁桂凤等，2010）。

学习型返乡青年创业者与其他返乡者的不同主要体现在其学习的过程中。他们一般具有较好的学习经历，大部分人都接受过高等教育或技能培训，在学校专门化的学习为其后来的创业提供了良好的知识储备，后期的技能培训更有利于其知行合一。创业学习的知识主要分为通用知识和专业知识：通用知识主要是指管理、市场营销、财务管理、电子商务等相关知识，这些知识在此后的创业中能够转化为相关创业能力，如对项目的管理经营，而且不受行业限制；专业知识是指创业者所学专业技能的系统化知识，许多创业者创业项目、机会的识别和选择都与其所学专业知识技能紧密相关。

4.2.1.2　兴趣

在创业学习的过程中，兴趣起着重要的作用。许多被访谈的年轻创业者都提到了兴趣对其就业创业学习的影响。在访谈一位网络科技有限公司的创业者时，他就谈到他的创业是从兴趣开始的："我最早学计算机的时候，还没有摸过计算机，我当时在卖旧书的地方，买了一本《计算机应用》，晚上就一页一页地看……就是感觉非常有兴趣。"另一位从事网络电商平台项目的创业者也谈到了兴趣对知识学习的影响："那时候虽然年纪很小，但是那些年与电脑相关的杂志、报纸，该看的我全看了……然后暑假就学了两个月，彻底让电脑给改变了，从那时候开始只要有时间就去研究电脑、网络这些东西。"

那么兴趣这个变量因素在创业学习中究竟能起到什么样的作用？兴趣是如何影响创业学习的呢？兴趣是一种特殊的意识倾向，是动机产生的重要的主观原因，是对所从事的活动持创造性态度的主要条件（尹鸿藻和毕华林，2000）。对兴趣的研究最早可追溯至 Dewey，他提出，建立在兴趣基础上的学习和建立在努力基础上的学习会产生完全不同的结果，并且有着本质上的区别。Hidi 和 Anderson（1992）则从兴趣结构特征的角度出发，将兴趣分为个人兴趣和情境兴趣，个人兴趣主要是指那些与个人价值相一致的文本所引起的兴趣，是内在的、积极的，并且与特定的主题联系在一起。作为一种相对稳定的个体倾向，个人兴趣对于创业学习有着更为深刻的影响。个人兴趣是创新创业活动发起的原动力，是创新创业活动持续的能动力，是培养创造性思维的启动力（闵琴琴和韩秀容，2018）。魏翠妮和沈永健（2015）通过分析影响大学生创业行为的相关因素，建立了从创业意识到创业行为的理论模型，认为创业行为受创业兴趣、创业实践、创业支持的综合影响。王淑红（2018）通过问卷法、访谈法等研究方法，对大学生创业动力现状进行研究，得出创业兴趣是影响大学生创业动力的因素之一的结论。

个人兴趣是跨时间发展的、相对稳定的一种个体倾向，它和增长的价值、知识和积极情感相联系。相对于个人兴趣的长期稳定性，情境兴趣被看作一种对环境输入的反应。具体来说，个人兴趣可以是潜在的兴趣，也可以是现实的兴趣。潜在的兴趣需要特定环境或者契机的激发，潜在的兴趣可能与情感关联，也可能与价值关联。当然，情境兴趣在一定的条件下可以发展为相对持久的个人兴趣。个人兴趣可以促使学习者对所学知识采用深度加工的策略，与所学知识建立更多的联系；促进学习者对所学知识的深度理解；提高学习者对所学知识的迁移能力。兴趣具有指向性和集中性的特点，兴趣与知识学习相互作用，形成较为稳定的兴趣认知的倾向，从而形成较为恒常的个人兴趣倾向。一旦年轻人在学习过程中形成了稳定的个人兴趣认知倾向，那么在毕业后的创业选择上往往就与这种倾向性密切相关，其所学知识也就更易于转化为创业能力。

4.2.2 就业经验

从调研的案例来看，绝大多数创业者是有就业经验的，即在获取了工作经验后再进行创业，这些在工作中获得的就业经验归结起来也就是创业者创业的先前经验。关于创业先前经验的研究，20 世纪 80 年代，美国学者 McGrath 和 Macmillan（1986）认为，创业者的先前经验就是创业者在创业之前获得的各种知识、技能以及感性的或理性的观念的总和。Cantor 等（1991）则将创业先前经验看作创业者在过去经历事件的总和，也是与外部交互作用的结果。郭红东和周惠珺（2013）也认为，先前经验是指基于过去经历积累所形成的知识、技能与经验的总和。杨学儒和杨萍（2017）通过研究发现，先前经验中的创业经验、行业经验和职能经验等要素对创业机会识别有显著的正向影响。总的来看，研究者对于先前经验的认识虽然有些差异，但都认定了先前经验对创业行为的影响。从本书所调研访谈的案例来看，创业者的先前就业经验对电商创业行为影响非常大，他们通过丰富的就业经验捕捉到了经济发展的新契机以及市场开发的新趋势，在经营领域内能够充分利用网络信息技术识别创业机会。就业经验主要包括两个维度：一个是行业经验，另一个是职能经验。

4.2.2.1　行业经验

所谓行业经验，是指创业者先前在行业内工作所积累的经验。首先，行业经验使创业者掌握了关于行业产品或者服务的技术和知识，为将来的创业活动奠定了基础。其次，行业经验可以帮助创业者了解行业市场需求，促进创业者对创业机会的识别，以及将创业机会进行落实。相对于非行业内人员来说，具有行业经验的创业者所积累的经验和信息有助于其更为敏锐地发现机会，并且运用专业知识对机会进行判定，直至将创业机会进行落实开发，提升了对行业的预判能力，降低了不确定性。最后，之前的行业经验帮助创业者形成了由供应商、合作者、顾客以及其他利益相关方等组成的关系网络，为创业积攒了人脉关系，使其能够较快地进入市场。

在对新媒体案例的采访中，创业者从大学毕业后开始了就业之路，先后在影楼做过摄影，干过微博推广，后又在电视台工作过一段时间。其就业经历较为丰富，但是基本上都是从事着与传媒行业相关的工作。在工作过程中积攒了相关的技术技能和行业知识，了解了传媒行业发展中的一些信息，这对于其创业选择来说具有重要的指导意义。在谈到创业项目选择时，被采访的创业者说："那时候从网上也看了很多传媒公司，也就是做广告牌、拍广告的，我觉得那些属于传统的文化传媒，它们是下行发展的……，所以我觉得这种类型的没必要再做。而随着网络技术的发展，人们对短视频的关注度在上升，新的传播平台和工具增多，我觉得这是一个机会。"这反映出了创业者之前的行业经验提升了他对行业发展前景的预判能力，避开了一些低端竞争的项目，降低了创业中的许多不确定性，提升了机会识别判断能力。

总之，行业经验对于创业选择有着重要的影响。具有行业经验的创业者对行业的发展变化具有更为敏锐的洞察力，因此在识别机会时更具优势。他们在就业的过程中往往熟知该行业内的供应商、顾客和其他支持性机构，因而能够快速识别出关键的资源支持者，从而整合到创业所需的资源中，在企业的运营管理中更可能快速准确地解决问题（张玉利和王晓文，2011）。

4.2.2.2　职能经验

职能经验主要是在就业过程中积累的职能领域的经验，即创业者在创业之前具有的企业管理职能方面的经验，通常包括一般管理、市场营销、财务管理、生产管理和技术管理五个方面。又有学者将职能管理经验分成了两大部分：通用性职能经验和专用性职能经验。一般管理、市场营销、财务管理在各行业中大致相似，在不同企业中都能够表现出一定的通用性，因此这些方面的经验被称为通用性职能经验。而生产管理和技术管理则往往是针对行业或者产品的，具有行业局限性，对其他企业来说不具有适用性，因此将这两方面的经验归结为专用性职能经验。创业者在前期就业过程中积累的职能经验，尤其是通用性职能经验可以使创业者更快地解决实际创业中遇到的来自行政管理、财务管理、营销策略等方面的问题，职能经验能够有效提高创业机会识别能力。

在关于农家院创业者的采访中可以看到，创业者大学所学专业是市场营销，毕业后一直从事与市场营销相关的工作，在就业的过程中积攒了市场销售的职能经验："我也是做了两年市场营销方面的工作，之后开始回到家乡做乡村旅游。"当创业者开始选择乡村旅游这个行业时，她原有的在市场营销中积累的通用性职能经验就起了很大的作用，为其后来的创业解决了许多困难。

由此可见，具有职能经验的创业者由于掌握该职能领域的营销、研发、生产、财务、行政等方面的经验，因此在机会识别和新企业的管理方面也会有优势。当这样的创业者创业时，会表现出更强的机会相关和管理相关的创业能力。

4.2.3　家庭环境和社会关系

家庭环境和社会关系要素是依托于人这一要素而存在的，家庭环境要素是指个体所处的家庭，甚至家族的成员情况。社会关系要素则是指与个体存在较密切交往的朋友或是个体所处的社会组织（这些组织并不一定和创业活动或商业活动相关）（林嵩和姜彦福，2012）。Aldrich 和 Cliff（2003）较为系统地总结了创业者的家庭系统对于创业活动的影响，他们所开发的家庭系统包括了家庭的变化、资源、规范、态度和价值观，这些要素在不断施加对创业活动的影响的同时，也受到了创业活动的反作用力。秦芳等（2018）利用中国家庭金融调查 2015 年数据，研究了省外务工经历对家庭创业的影响，发现省外务工经历能显著提高家庭创业的可能性。谢西金（2018）通过应用 Logistic 回归模型对 945 份大学生创业问卷调查数据进行统计分析，结果发现，家庭背景越优越的大学生，个人创业的意愿越强烈，大学生创业成功的可能性也就越大。通过前文总结出来的年轻人学习和创业的模型可以看出，从学习到创业的整个过程中，年轻人走向创业的路径有两条：一条是从学校毕业后进入职场，首先选择就业，当积累了一定的就业经验后选择自主创业；另一条是年轻人毕业后直接选择创业。关于第一条路径中就业经验与创业能力的问题，我们在前文中已经进行了分析。关于第二条路径，从深度访谈的案例来看，关系网络对于年轻人直接创业有着主要影响，关系网络可以分为两种：一种是家庭环境的影响，另一种是社会关系的影响。

4.2.3.1 家庭环境

家庭是一种亲属间的社会生活组织单位，这种社会生活组织单位是由婚姻、血缘关系或收养关系形成的。家庭环境则是指一个家庭所处的情况和条件，包括生活条件、家庭结构、家庭关系等。Epstein 等（1984）认为，虽然家庭结构特征对个体不会产生直接的影响，但如果家庭的各项功能没能得到很好的实现，则易导致家庭成员的各种身心问题。Parse（2009）从人类成长的角度进行研究，指出家庭作为一种进化的兴起被认为是一种抽象、象征性的文化场所。总之，家庭是个人学习、成长和获取文化知识的一个重要场所，家庭作为个体和社会文化的中介，不断将社会文化内化为个体的涵养。不同的家庭环境会导致大学生对于社会文化的理解以及吸收程度不同，同时也会造就不同的创业观。

在深度访谈的案例中，那些没有经过就业阶段直接进行创业的年轻人受家庭环境的影响较大。如进行水果销售的 27 岁创业女孩的案例中，她大学毕业后没有任何就业经验，而是直接进行创业实践。在没有就业经验的情况下，她的创业能力受到家庭环境的影响就更为显著。在谈到选择创业时，她说："我们家本身就是开水果店的，从小耳濡目染，拎出来就能进货卖货。"由于先前工作经验的缺乏，导致其创业能力尤其是经营管理能力的不足，为了弥补这种不足，她充分利用了家庭关系的力量。在创业团队的建设中，这一点体现得更为明显："现在团队里有五个人，都负责不同的环节：有的负责采摘，有的负责包装，有的负责运输。因为咱们这个项目规模相对较小，主要负责人还是亲戚朋友，因为我父亲他本身就是做这个的，他懂，然后还有以前给我们供应东西的人，让他们去负责、管理。"

在纺织品创业的案例中，家庭环境的作用也比较明显。在问及创业者的创业动机时，他说："其实就是子承父业，大概是从我爷爷开始的，其实我整个家族都在做这一块，我有两个哥哥，也是主要做纺织品加工的……对一个行业的感情是有受到小时候环境的影响的，耳濡目染。"

无论是从事水果销售还是纺织品加工，这两个创业者明显受到家庭环境的影响，并且选择了家庭中原有的经营项目作为自己的创业起点。而且在这两个创业者身上还显示出了年轻人创业中的另一种特质，那就是创新因素的作用，在继承的基础上自我创新，在家庭环境影响下学习创业的同时，又在不断自我成长，显示出不同于父辈创业的特征。

具有创业意识或者本身就在创业的家庭中长大的年轻人会受到创业氛围的影响，家长也会有意无意地教授孩子相关的技能、价值观，这些重要的因素都会影响他们将来的创业意向。因此，在这样家庭环境中成长起来的年轻人更倾向于直接创业，而不是走先就业后创业的路子。同时，这样的年轻人在创业项目选择上往往与家庭原有的经营内容有较大关联性，但是在继承的同时又会表现出创新性发展的意识。

4.2.3.2　社会关系

在选择直接创业的年轻人中，除了受家庭环境影响之外，还受到社会关系的影响。没有创业氛围的家庭中的年轻人选择直接创业往往与其外部社会关系有着紧密联系。

人在社会中不是孤立存在的，人是社会性的存在。不同于西方的"关系"，中国的社会关系是根源于儒家的基于血缘的伦理关系，是行动者之间特殊的、带有情感且具有人情交换意义的社会纽带（边燕杰和张磊，2013）。例如，亲属关系、家族、地理关系、学校的关系、工作关系、战友等，有着一定的功利主义或是变现主义成分，人际支持以及慷慨大方则是人们期望的回报形式。关系是一种特殊的资源，因此拥有的关系越广，就意味着掌握的资源越多，也就越有利于创业机会的识别与实施。

在退伍军人转业回乡创业的案例中，创业者是一个退伍军人，由于一直在部队生活，缺乏对市场的了解。他既没有就业的经验积累，也没有家庭环境的创业影响，因此在创业机会的识别把握中，其社会关系发挥了重要的作用。"2007 年退伍回来之后，家里没事，后来通过朋友介绍，才接触到这么一个行业……"朋友作为一种创业者的熟人关系，对其的创业项目选择和机会把握起到了关键作用。

总之，社会关系是创业中重要的资源，它能为创业者提供必要的支持和鼓励。年轻人创业通常会以最低的成本获取各种资源，社会关系恰巧满足了创业者低成本、快速度的要求，创业初期机会的识别选择、资金资源、物质资源、人力资源等都可通过社会关系有效获得。

4.3 构建返乡创业行为归因模型

通过对天津市郊区返乡青年的微纪实访谈，勾勒出了这一群体的鲜明特征，这一群体大多都接受了系统的校园学习或社会再继续教育，通过学习掌握了一定的知识，在这个过程中，兴趣起到了重要的作用，而且会直接影响其就业创业方向的选择。学习结束之后，部分年轻人选择就业，在就业过程中掌握了行业经验或者职能经验，这转化成了其就业创业的能力。部分年轻人由于家庭环境或者社会关系等，没有就业而是选择了直接创业，在创业的机会识别等方面，关系网络发挥了重要的作用。根据以上创业学习的分析，笔者绘制出返乡青年就业创业的行为逻辑模型，具体如图 4-1 所示。

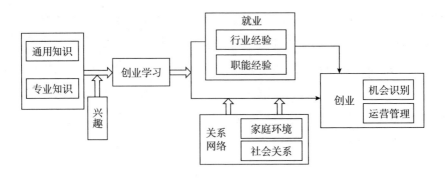

图 4-1　返乡青年创业行为的归因模型

根据模型可以看到学习型返乡青年从创业学习到创业行为实施过程的归因脉络。

4.3.1　创业学习是嵌入因素，兴趣是前置变量，创业行为是结果变量

对于学习型返乡青年，创业学习一直贯穿于整个过程中，在校期间的通用知识和专业知识的学习为创业打下了良好的基础，培养了他们的创业思维和创业精神，同时使他们具有了一定水平的专业技术技能。兴趣是持续探究的源泉，是继续学习的动力，也是就业创业方向选择的引导，尤其是当在校所学专业和就业方向不一致时，兴趣引导了再学习的方向，成为了就业创业最重要的引航灯。创业行为发生后，创业学习正向作用于创业能力，有利于精准识别创业机会，以及对项目的具体运营和管理。如样本1中创业者看到传统媒体行业的饱和，由于他一直对新媒体感兴趣，也一直在关注，所以创业方向就能够灵活转变；样本10中的创业者也是在原有领域遭遇挫折之后，以兴趣为转折点开始新的创业，从而获取了成功。他们都是在兴趣的指引下，坚持专业领域的学习，对行业认知产生了较为准确的把握，识别机会，实施创业行为。

4.3.2　就业是创业的前导因素，是创业学习到创业行为的过程变量

就业经历正向作用于创业行为，学习结束之后的就业能够带来较为完整的知行合一的体验，深入了解所在行业以及锻炼一般性的职业能力，是从知识到行动的飞跃。而且通过就业能够接触到行业规则，认识行业内的熟人，可以积累丰富

的创业资源。在调研过程中，笔者发现，多数学习型返乡青年将前期资本用于学习或培训费用的支出。如样本 9 中的创业者在做淘宝代运营之前是在阿里巴巴总部工作，丰富的行业经验使他自主创业变得很顺利；样本 5 中的创业者在决定开网店之前去阿里巴巴进行了较长时间的学习，然后才着手开始自己的网店经营。除此之外，就业也是创业资金前期积累的过程，大部分创业者都是以就业时期的积蓄作为创业的初始资金的，因此，就业经历成为创业经验和创业资本的双重积累过程。

4.3.3 关系网络是介入因素，是创业学习到创业行为的中介变量

部分返乡青年在创业学习结束之后，不选择就业，而是直接创业，导致这类创业者选择直接创业的因素主要是关系网络的介入，即家庭环境和社会关系。原有家庭创业的继承性会解决掉前期创业资金缺乏的问题，良好的社会关系会减少职业技能经验缺乏的困境，没有良好的关系网络，返乡青年必须经过就业阶段才能降低创业行为实施后的风险。关系网络越强大，创业风险就会越低，如样本 16 中的创业者在面临创业困境时，是家庭环境的力量帮助其渡过了难关，她学习并继承了家里祖传的编织技术，以此为技术核心开拓了创业新天地；样本 3 中的创业者在工作过程中认识了专门做农业研究的大学教授，然后自己转行研究农产品种植，和教授合伙创业，掌握了农产品种植的核心技术，并且不断研发和创新，使新创企业具有了生命力。

4.4 结 束 语

乡村振兴战略不仅是调整经济结构、促进农村经济发展的抓手，也是实现我国人才供给侧结构性改革的重要手段，通过对学习型返乡青年就业创业行为的归因分析发现，创业学习的经历是返乡青年的共性，它贯穿于就业和创业的全过程，没有系统专业的创业学习是无法提高就业能力和创业质量的。创业学习是新时代对返乡青年的要求，同时也是乡村振兴战略对新农村建设人才的要求。吸

引、培养、留住"有文化、懂技术、会经营、能创业"的人才是振兴大计，也是活跃农村市场经济的关键点，学习型返乡青年拥有完整的教育培训知识架构，有丰富的就业经历，有广泛的关系网络，这有利于创业行为的实施和创业风险的降低，有利于为乡村的发展创造出价值。

通过深刻挖掘返乡创业的动因发现，创业学习、就业经验和关系网络三个元素均正向影响了返乡青年的创业意愿，其中，创业学习是嵌入因素，就业经验是创业学习到创业行为的过程变量，关系网络是创业学习到创业行为的中介变量。创业学习作为嵌入变量，从创业意愿到创业实施全过程影响返乡青年的行为，体现了天津各职业院校在创新创业教育领域的培育成果，但是也发现了短板，在创业学习的社会阶段，职业教育的培训能力略显薄弱，加强职业教育在创新创业教育领域的"育""训"结合，不仅要重视在校期间创业种子的培育，也应该重视对创业人才的社会培训，使农村吸引并留住更多的人才，这也是本书研究的初衷。

5 天津市返乡青年电商创业行为的逻辑分析

——基于创业成功的案例

天津作为国家现代职业教育改革创新示范区，每年培养大量德技兼备的高职毕业生，工科类的学生主要就业方向是去工厂做技术工人，商科类的毕业生很多选择自主创业。在调研过程中发现，天津市郊区的创业者70%是高职毕业生，这一群体在就业创业的行为过程中，既体现了高等教育的专业素养，又有职业教育的工匠精神落地显化，有在社会竞争中无奈地退缩，也有在返乡创业途中自信地绽放，乡村振兴需要这样的人才。通过分析返乡青年创业行为的内在逻辑，可以更好地发现创业规律，有利于创业行为的可持续推进。

5.1 对返乡青年创业现状的分析

本书对天津市蓟州区、宝坻区和武清区返乡创业的高职毕业生开展了微纪实访谈，这些地区的休闲农业和乡村旅游发展较为成熟、布局优化，类型丰富、功能完善、特色明显的格局基本形成，创业环境良好，对创业人才的需求更为紧迫。

5.1.1 创业类型丰富

本书通过走访收集了大量样本，并进行了初步的归纳分类，高职毕业生返乡创业的主要类型和当地发展的优势产业、毕业生已有资源密切相关，而且创业者都在创业过程中引入新技术，利用网络和大数据进行业态升级。如生态庄园类，包括种植养殖和餐饮，主要是继承性创业，有家庭环境的优势，继承人在推广渠道上使用新媒体平台，打造品牌，实现业态多元化；农产品再加工类，发展绿色农业，开发农业附加产品，充分利用区域电商平台和淘宝、京东、拼多多等全国性电商平台进行销售；电子设备技术及产品服务类，包括提供手机和电脑等电子设备的维修、销售，也有部分理工科毕业生进行媒体制作和简单的程序开发；乡村旅游类，避开景点，深度挖掘景区游，开发特色民宿，提供全方位的旅游服务，打造休闲乡村、文化乡村、生态乡村。

5.1.2 创业满足感较强

在对三个地区创业者的微纪实访谈中发现，创业时长 2 年以上的毕业生对创业现状有较强的满足感，创业维持的时间越长，稳定性越强，满足感越大。创业者能够运用在校所学的专业技能或者在工作经历中积累的经验，反复选择，确定创业项目。获取利润的物质成就和破解难题的精神愉悦以及学有所用的自信，都会提高创业的持续性，增强创业者的心理满足感。在受访的创业者中，超过七成的人认为，在学历竞争激烈的社会大环境下，自主创业是高职毕业生最好的就业方式之一，即使毕业之后不会立即创业，但是有了行业经历和社会经验，并且积累了一定的前期资本之后，自主创业是较好的选择。经历了创业初期的困难之后，大部分创业者对现状比较满意，但并没有止步于当下，他们能够认清在自己能力范围内的业务拓展可行性，与时俱进，在一定程度上起到了模范榜样的作用，带动了当地创业的热情和经济的发展。

5.1.3 创业成功率稳步提升

不同于农村传统行业的创业企业，高职院校的毕业生返乡创业主要从事的是和农业、农村、农产品相关的服务类创业，投入成本低，且多数创业者在当地已经积累或继承了部分资源，如父辈或同学经营的农产品加工工厂、自有传统工艺、自家的闲置土地、农家院等，通过投入智力资本和小规模资金就能够实现运营甚至盈利。即使是完全自主创业，有前期的工作经验和熟识的地缘优势，加之农村的各项支出费用相较城市都很低，市场空白也比较多，创业机会容易识别，而且政府对返乡创业的财政支持力度也较大，创业的成功率在近几年逐步提升。

5.1.4 创业初具辐射效应

在对样本的走访以及观察中可以分析出，大部分初创企业规模适中，盈利能力尚可，能够满足创业者及其家人的日常开支，经营情况略好的企业还能够实现结余，使创业者过上较为富裕的生活，成为当地青年奋进的榜样，很多创业者被当地乡镇政府邀请做经验分享，带动了当地的创业氛围。而且几乎所有企业都能够在当地招雇员工，大型的农业种植基地还解决了中老年留守人群的就业问题，为他们提供了一份稳定的收入来源；一些技术型企业通过社会招聘，引入了外来人才，加快了人力资本的流动；一些品牌化的电商企业通过网络销售打开了市场，同时也将当地的文化和风土人情传播到各地，扩大了乡镇的影响力，在一定程度上促进了当地经济和社会的稳定发展。

5.2 返乡青年创业成功的行为分析
——基于扎根理论

本书使用扎根理论进行样本分析和构建模型，研究对象限定于创业成功的案例，通过提炼成功案例，发挥示范效应。因此，样本选择的标准是：经营主体必须是毕业至少2年的职业院校学生；经营主体在当地同行业中发展较好，有一定的代表性；样本至少应包括休闲农业、电子商务、精品旅游、创意农业、农产品加工等创业领域的创业者；微纪实资料丰富充实，确保能从中梳理出完整的创业过程。

5.2.1 主样本分析

通过反复梳理和筛选，最后选择了蓟州区××草莓种植基地为研究样本（案例3），该样本资料翔实、内容全面，基地的主要创始人是已经毕业6年的职业院校学生，其2014年返乡，先到县里最大的种植基地工作了一段时间，然后和朋友合伙创业，从事以草莓为主的果蔬种植业，截至2019年，基本实现营收稳定，完成了计划内目标。

5.2.1.1 开放式编码，确定基本范畴和理论框架

开放式编码又称一级编码，是对创业实践过程中的现象归纳、核心概念界定。在编码过程中，笔者反复阅读、整理和分析了采访资料，并以蓟州区××草莓种植基地为主样本，将采访资料中的每一句话都进行了编码，对重复性意思表达进行筛选和剔除，对相近性意思表达进行概括。为了提高研究信度，研究团队的另外几位老师分别针对该案例和随机抽取的其他两个案例进行了编码，编码一致性达到了78%，对于不一致的概念则进行讨论，最终也达成了一致。因此，归纳出了返乡创业动因的21个概念，并在此基础上，进一步归纳和抽象，提炼范畴，共计得到9个范畴，分别为自我效能感知、机会感知、政府助农、创业榜样、亲缘关系、创业资产性资源易获、知识资源易获、创业者信念、团队合力，具体如表5-1所示。

表5-1 草莓种植基地创业归因开放性编码

现象描述	概念	范畴
2014年大学毕业之后在上海、天津市区从事过销售工作	行业经验	自我效能感知
在城市里面干销售赚得不多，所以我就返回家乡了	城市排斥	自我效能感知
我是文化人，可以为家里和村子做些改变，让赋闲在家的乡亲们有活干	乡土情怀	自我效能感知
看到草莓基地非常缺人，就来这里工作了	农村资源丰富	机会感知
学历低，在城市里成功的可能性太小了，回到农村还能有一定的优势	城市排斥	自我效能感知
县里最大的种植基地每年都有创新，引入新技术，推出新品种	产品迭代快	创业榜样
这个种植基地是最早开始使用大棚种植技术的	洞察商机准	创业榜样
它不仅是种植基地，还是一个休闲农业园	业务范围广	创业榜样
纯天然的绿色有机作物，非常健康	企业文化好	创业榜样
政府到每年年底会拨资金补贴给我们	资金补贴	政府助农
政府会征用一些闲置的土地供创业者种植	政策支持	政府助农

续表

现象描述	概念	范畴
在农村没有固定的活给固定的人干，大家都干完自己的活之后，去帮别人干活，工作氛围很好	友好的工作环境	团队合力
合伙人资历深，全身心投入到基地发展中	专业的合伙人	团队合力
雇佣的农民是很有智慧的，他们只需要我们指导半年，就能自己种植，确切地掌握水分和阳光	创业基础雄厚	创业资产性资源易获
大学里认识了很多同学，现在大多是我的客户，认可我的产品	同学关系	亲缘关系
现在的农村和之前不一样了，产业发展得很好，我们这边的旅游农业非常受重视	农村资源丰富	机会感知
在大城市工作时，融入不到同事的团体中，生活也比较冷漠，缺少人情味	城市排斥	自我效能感知
原来的宣传主要针对本地人，外地人对这里了解不多，我比较懂电商领域，主要负责网络宣传、电商运营	创业教育	知识资源易获
放低心态，从头学起，我用了一年的时间学习种植和栽培技术	持续学习	知识资源易获
创业一定要坚持下去，像我们现在做农村创业的人也比较多，但是能坚持三年的没有几个	坚持不懈的勇气	创业者信念
农村创业一定要能吃苦，只想赚钱，却吃不了苦，最终也没有办法成功	吃苦耐劳的精神	创业者信念
因为有很多朋友帮忙才做了下去，做到现在这个样子	朋友帮忙	亲缘关系
一定要不断学习，知识是无止境的，每年都去参加博览会，向种植大户学习经验	持续学习	知识资源易获
一次下暴雪，全体工人自觉加班加点开展生产自救，连干了很多天，损失是县里所有种植基地中最低的	团队工作主动性强	团队合力
农产品要不断引进新品种，既能降低成本，又能开拓更多的盈利途径	持续创新	知识资源易获

5.2.1.2　主轴编码

主轴编码是把开放性编码中获得的范畴联系起来，建立其基于现象、结果、因果、交互等方式的逻辑关系，并识别出主范畴的过程。本书基于开放性编码得到的 9 个范畴，进行反复比较和内涵确认，建立了由原因、行动、结果和中介条件构成的逻辑关系，并识别出 4 个主范畴，即创业感知、社会网络关系、资源可获性认知和创业可持续性认知，具体如表 5-2 所示。

表 5-2 主轴编码的过程及其结果

原因	中介条件	行动	结果	主范畴
城市排斥 乡土情怀	行业经验 农村资源丰富 农村市场潜力大	农村创业低成本 自我效能感知	机会感知	创业感知
亲缘关系 资金支持 政策支持	创业榜样 平台支持	政府助农 农业定位准		社会网络关系
创业教育	持续学习 创业基础雄厚	技术传承	创业资产性资源易获 知识资源易获	资源可获性认知
顾客认可 创业责任心 行业潜能大	坚持不懈的勇气 吃苦耐劳的精神	团队合力		创业可持续性认知

主范畴 1——创业感知的逻辑关系：创业者在前期工作中感知到城市排斥，同时内心有深厚的乡土情怀，因此产生返乡创业的想法；中介条件即客观因素，自身有较为丰富的行业经验，农村老家也有一定的创业资源，市场潜力也较大；行动即识别创业机会，农村创业成本低，且自己有能力；结果是认为返乡创业是一个很好的机会。

主范畴 2——社会网络关系的逻辑关系：由于有了亲朋好友的大力支持，创业资金基本到位，相关政策也了解清晰，所以对返乡创业更加坚定；中介条件即社会资源，现在村子里做得好的企业起到了榜样示范作用，如果是亲朋好友做的企业，激励效应会更加直接，同时电商平台和创业平台都有利好政策；行动即寻找市场，从政府和市场的角度定位具体的创业范围；结果是整合社会网络关系，为创业做积极的准备。

主范畴 3——资源可获性认知的逻辑关系：由于之前接受过创业教育，因此具备创业经营管理能力；中介条件即自身具备的创业资源，包括通过持续不断的再学习、经验积累以及前辈留下的基础等具备了某一行业的创业资源；行动即创业的筹备过程，针对具体业务进行学习、继承、精进等；结果即获得了创业的资产性和知识性资源，进行创业。

主范畴 4——创业可持续性认知的逻辑关系：在创业过程中遇到挫折或者失败时，由于有老顾客的认可，以及对企业资产及员工的责任心会让创业者不愿意轻易放弃，而且行业潜能如果依然较大，也会使创业者克服困难，坚持下去；中介条件即创业者气质，具有坚持不懈的勇气和吃苦耐劳的精神，是创业者能够排除艰难继续经营的基础条件；行动即坚持创业的行为，此时最重要的行为是创业团队的合力，共同渡过难关；结果即创业行为的可持续进行。

5.2.1.3 选择性编码

该步骤确定核心范畴，并围绕核心范畴把其他范畴系统联结在一起。在对创业感知、社会网络关系、资源可获性认知和创业可持续性认知做进一步分析之后，结合相关文献，提出了"返乡青年创业行为分析"这个核心范畴。创业行为既有创业动因的分析，又有创业资源积累和资源转化为生产的过程，同时也兼具了创业失败、连续创业的结果性探析，因此该范畴易于和其他四个主范畴建立联系，处于中心位置，而且在涵盖意义上具有不可替代性，在逻辑分析结构上也遵循了"原因—中介—行动—结果"的框架，具体如图 5-1 所示。

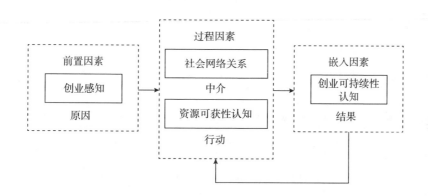

图 5-1 返乡青年创业行为的主样本逻辑分析

由主样本分析可知，创业感知是高职学生返乡创业的原因，是前置因素，乡土情怀、自我效能感知和农村创业机会感知推进了学生返乡创业意向；社会网络关系和资源可获性认知是返乡创业的中介和行动，是过程因素，创业榜样、政府支持、家庭资源提高了学生返乡创业成功的概率；创业可持续性认知是返乡创业的结果，是嵌入因素，既是创业结果的逻辑体现，又是创业行为反复再造的起点，也是创业成功的必经之路。

5.2.2 多样本分析

草莓种植基地作为最具代表性的样本，基本上可以概括出返乡学生创业成功的归因模型，但对于不同类型的创业经营主体来说，由于开放性编码过程中涌现出范畴的面向相对较少，据此进行范畴间的关系确定和联结可能会导致结论的一般性不足，使模型具有一定的局限性。因此，根据扎根理论要求，还需要进行多样本比较。这是一个反复修正的过程，主样本所体现的概念和范畴对比较样本有启发作用，当比较样本出现新面向、新概念和新范畴时，需要与之前的编码过程进行比较和分析，以便使概念和范畴更具准确性。基于以上思路，我们也对其他两个典型样本（样本 5 和样本 13）进行了开放性编码，结果如表 5-3 和表 5-4 所示。

表 5-3 "甜出真本味"创业归因开放性编码

现象描述	概念	范畴
大学毕业以后，在上海做销售工作	行业经验	自我效能感知
上海工作难找，学的是服装设计，却在 IT 行业，自己不擅长，压力大	城市排斥	自我效能感知
从小在乡村长大，不想让乡村的这种味道消失	乡土情怀	自我效能感知
直接去地里找农民，原材料有保障，我们生产才更有信心	农村资源丰富	机会感知
我家有果汁的传统制作工艺，在市面上很少见，味道纯正	技术传承	创业资产性资源易获
卖产品一定要有原创性	创业教育	知识资源易获
现在的很多理念都是在上海工作时积累的，现在用到店里的经营中	持续学习	知识资源易获
我觉得只要把简单的事情做细致，坚持做就会做好	坚持不懈的勇气	创业者信念
大批量的原材料都是一手货源，绝不掺假	创业基础雄厚	创业资产性资源易获
整个景区和公司都是主打原生态，无添加	农业定位准	政府助农
这里提供资金，免房租，风险小	资金支持	政府助农
景区特别扶持我们这些创业的，专门有人服务	政策支持	政府助农
包装用的塑料瓶子是我们周围一个厂子做的，他们专门做这个，很近，很方便，成本也低	农村资源丰富	机会感知

续表

现象描述	概念	范畴
因为我从小在农村长大，希望通过我做的东西能把农民带动起来	创业责任心	创业者信念
以前景区也不怎么样，后来引用古村的模式，觉得前景很好	农村市场潜力大	机会感知
父亲是做生意的，支持我从上海回来创业，家里人会给我一些具体的产品建议，尤其是母亲	父母支持	家庭关系
很多人觉得大学生做果汁有点屈才，但是把果汁卖到一个高度也是可以了，和传统的卖东西不一样	创业教育	知识资源易获
注册的 Logo、图案，店铺的设计都是我在大学学的	创业教育	知识资源易获
顾客提建议，我就不断地改进，产品做得就越成熟	持续学习	知识资源易获
我们这里有几个农民种的果园基地，产量在全国都是比较大的	创业基础雄厚	创业资产性资源易获
水果哪里都有卖的，但我们可以把它加工成一种文化，提高产品的内涵和附加值	农产品赋值	行业认知
在这里创业，就算失败了也不会赔很多，成本小	农村创业成本低	机会感知
我会制作小视频，利用抖音宣传自己的产品	创业教育	知识资源易获
当地人自己吃着好吃，不仅自己家买着吃，出门送礼也买我家的产品	农村市场潜力大	机会感知
景区宣传到位，是景区成就了我们商户	创业基础雄厚	创业资产性资源易获
会有顾客说，你家果汁是我喝过最好喝的，我还想再喝，就这样坚持地做下去了	顾客的认可	创业者信念

表5-4 人力资源公司创业归因开放性编码

现象描述	概念	范畴
对于我们这样一个县城来说，所有的企业都不是很重视人力资源管理这个工作，也没有这样的公司	农村市场潜力大	机会感知
我们要传播用工风险的理念，帮助企业规避风险	创业教育	知识资源易获
大学毕业之后做了两年市场营销方面的工作，之后慢慢开始接触人力资源管理工作	行业经验	自我效能感知
在未来的大趋势下，人力资源管理工作会是一个比较超前的行业	行业发展前景	行业认知

现象描述	概念	范畴
前期公司没有利润，主要是进行这个理念推动，如果这样也真的促进了家乡的进步，我愿意做前期推动者	创业责任心	创业者信念
政府给现金补贴，不如提供更有力的创业平台，现在这个平台对于初创企业就很好	平台支持	政府助农
我个人觉得创业是一个经历，它可以实现我的价值，我要为我的梦想去努力，即使可能会失败	坚持不懈的勇气	创业者信念
有过人力资源管理系统开发和维护的操作基础	创业基础雄厚	创业资产性资源易获
我经常听北京一位很有名的导师的讲座，也看他推荐的书，他也会帮我分析问题，我觉得非常受益	持续学习	知识资源易获

对其他两个返乡创业大学生微纪实样本进行开放性编码发现，第一个样本"甜出真本味"出现新范畴行业认知，第二个样本"人力资源公司"不再出现新范畴，说明所有范畴理论上已达到饱和。

5.2.3 构建返乡青年创业行为逻辑分析模型

经过选择性编码过程，本书将开放式编码得到的 21 个概念、10 个范畴和主轴编码形成的 4 个主范畴以及选择性编码形成的 1 个核心范畴归结为一个整体，最终提炼出返乡青年创业行为的"原因—中介—行动—结果"逻辑模型，具体如图 5-2 所示。第一个主范畴创业感知源于 2 个范畴即自我效能感知和创业机会感知，由 6 个概念提炼而成，即乡土情怀、城市排斥、行业经验、农村市场潜力大、农村资源丰富、农村创业成本低。第二个主范畴社会网络关系源于 3 个范畴，即政府助农、创业榜样和亲缘关系，由 8 个概念提炼而成，即农村定位准、政策支持、资金支持、平台支持、洞察商机准、创业文化好、业务范围广、亲朋好友支持。第三个主范畴资源可获性认知源于 2 个范畴，即创业资产性资源易获和知识资源易获，由 4 个概念提炼而成，即技术传承、创业基础雄厚、创业教育、持续学习。第四个主范畴创业可持续性认知源于 3 个范畴，即创业者信念、行业认知和团队合力，由 8 个概念提炼而成，即坚持不懈的勇气、吃苦耐劳的精神、顾客认可、创业责任心、行业潜能大、农产品赋值高、团队工作主动性强、有好的工作环境。4个主范畴最后都归结为一个核心范畴,即返乡青年创业行为分析。

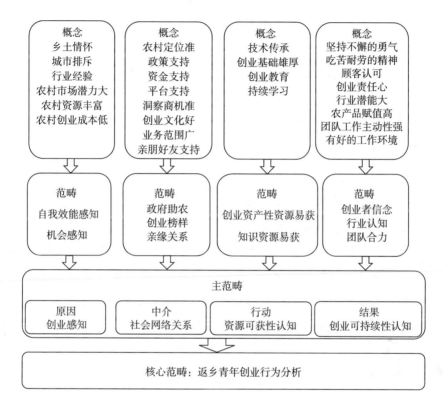

图 5-2 返乡青年创业行为逻辑分析模型

4个主范畴之间也存在"原因—中介—行动—结果"的逻辑关系,创业感知是原因、原动力,它主要指创业主体受内、外因的影响而产生的对创业能力和创业机会的感知。社会网络关系是中介、支持力,主要指创业主体在创业过程中受到社会其他群体的影响,如政府、亲友、创业榜样等。资源可获性认知是行动、执行力,主要指创业主体能够获得的创业因素,如专利、技能等。创业可持续性认知是结果、持久力,主要指创业主体在面对不确定性时的理性认知,如转行、放弃或者坚持。

5.3 构建返乡青年创业成功的 MSEP 动力模式

从创业成功行为的 4 个主范畴来看，创业感知是创业的原动力，创业者在校期间的通识性和专业性教育增强了创业自信和创新思维，毕业之后的社会经验进一步提升了创业机会的识别能力。社会网络关系是创业的支持力，创业者在校期间可以充分利用学校提供的各方资源，了解掌握创业政策，通过校企合作企业的实习和调研逐步积累与创业领域相关的资源，从而获得更多人和更多政策的支持，很多创业者的社会关系大多是在求学时建立起来的。资源可获性认知是创业的执行力，创业者在校期间接受的技术技能训练养成了其德技兼具的行为方式，进入社会之后接受的职业技能等级培训是其立身之本，对技术技能的尊重和精进是创业者勇于开启新篇章的后盾力量。创业可持续性认知促进了创业行为的持久力，创业者一定具备对行业的深度了解和理性判断、对团队的信任和强大信念，这种坚持不是一蹴而就的，而是创业者在求学、工作中慢慢磨炼出来的。这就要求学校更加重视课程思政的建设，对学生品德和专业技能进行合力培养，同时加大社会培训力度，对在创业过程中遇到的困难，能够有帮扶的途径，为初创者的成功形成推力和助力。

5.3.1 创业感知是返乡青年创业的原动力 （Motivation）

创业感知主要指创业者对自身创业效能和农村地区创业机会的认知，它受创业主体教育背景和社会经历的影响，是实施创业行为的原动力。职业院校的毕业生在校期间受过系统的技能教育，能够熟练掌握某一领域的技术操作，而且良好的校企合作氛围为他们提供了创业机会识别以及微创业的极大可能性。据不完全统计，高职学生在校期间进行微创业的占比为 10% 左右，高于其他类型院校。而且，高职院校的学生大部分来自郊县、乡镇地区，对农村有乡土情怀和文化认知，能够更好地以创业者身份融入到农村建设中去。

职业院校的双创教育可以为创业提供原动力和持久力，它兼具通识性和专业性，既有创业基础知识的教授，也有模拟实操的训练，能提高大部分学生的创新思维和创业素养，同时创业教育也可以筛选出有创业意愿的学生，从而开展更具专业性的培养，提高这部分学生的创业效能。同时，职业教育的创业教育也应具备一定的社会性，毕竟职业教育有雄厚的产教融合基础，校企合作开展得也较为深入，能够以最快的速度、最高的质量聚集各行各业的学者和专家。天津市的职教资源比较丰富，而且创新创业教育环境良好，学校可以将创业继续教育下沉到郊区城镇，为已经在创业的创客提供探讨问题、解决问题的途径，切实控制与降低创业中的风险，不断提升创业的成功率。天津市郊区的创业者大多从事的是现代农业经营，需要高新技术、互联网要素和管理文化的涉入，这不仅要求返乡青年创业的主体有较高的基本素养，同时也加大了创业过程中再学习的紧迫性和必要性。天津市职业教育的创新创业资源向农村倾斜，建立校村合作社、研学基地等，扶持电商、培育新品，可以不断激发活力，提升创业行为的持久力。

5.3.2 社会网络关系是返乡青年创业的支持力（Support）

社会网络关系是指创业者在和其他社会群体互动过程中所形成的创业资源，如政府提供的各种利好政策、榜样企业的导向和合作、家庭亲友给予的帮助等，它为创业提供丰富的社会关系和社会支持力。受访的大部分高职毕业生返乡创业最初的动力是来自在城市打工时的同事或同乡创业成功的鼓励，以及同村同学的先创经历、家庭的现实情况，这些促使受过职业教育的毕业生身怀技能和工作经验，在政府的政策支持下返回家乡创业。

职业院校要充分利用"政行企校"共同育人的模式，整合政府、行业、企业的创业资源，为在校学生和已毕业有创业需求的学生提供政策解读、经验分享、技能培训等链条式服务。聘请政府方面的专家进行创业政策的解读，让学生能够学政策、懂政策、用政策；聘请行业内的优秀创业者、企业家做业务类、管理类、技术类专题讲座，让创业者有机会接触到行业领域内的领军企业，为返乡创业行为的顺利实施打下基础；充分利用农村电子商务协会搭建平台，学校可以根据专业方向和学生就业创业方向与不同领域的企业开展校企合作，尤其是和农业相关的乡镇龙头企业，让学生在实习实训阶段就能够深入到农村田间，从种植、生产到市场全方位、全流程体验；同时组织、壮大校友会的建设，倡导资源共享，帮助学生不断积累创业的社会资源。

5.3.3 资源可获性认知给予返乡青年创业执行力（Executive）

资源可获性认知是指创业者获取创业资源的能力，包括创业所需的技术、知识等，它为创业行为提供执行力。经过和受访对象的深入交流发现，受过职业教育的学生对技术技能有很强的接受能力和学习能力，尤其是和在校期间所学专业相关的技术知识，上手快、创新意识强，所创企业发展空间大。

职业教育要培养更多高素质技术技能人才、能工巧匠、大国工匠，为全面建设社会主义现代化国家提供有力人才和技能支撑。职业院校秉承以产教融合为核心的办学理念，深化校企合作，加大实践教学力度，提高学生的技术技能训练，新型现代学徒制、订单班、项目班等校企合作形式为在校的学生提供了实训和实操的机会。同时这也是一种思维训练，使学生敢于动手，擅于在实践中改进，勇于尝试新的机会，职业教育提高了学生的行动力和执行力。同时校企合作企业本身就具有榜样作用，学生在顶岗实习期间就可以了解合作企业的企业文化、管理制度、产品决策等，在创业机会识别、商业模式等方面可以为初创者带来示范作用，减少试错成本，从而有效提高创业的执行力。在精神层面也起到了鼓励潜在创业者、激发创业热情、增强创业信心的作用，给予初创者较强的支持力，尤其是在相似行业领域，支持力会更加显著。

5.3.4 创业可持续性认知给予返乡青年创业持久力（Persistence）

创业可持续性认知是指创业者在遭遇挫折时能够坚持并解决问题的能力，它使创业行为具有持久力。职业院校的学生抗压能力强，在校学习期间的挫折教育和工作初期的弱竞争力，强化了他们的内心改变了他们对待困境的态度。65%的受访创业者有过创业失败的经历，其中的90%完成了两次或以上创业，对创业行业的清晰把握和对自身能力的不断精进，以及合作团队的力量都是使创业能够持续下去的重要因素。

在创业遇到"瓶颈"时，创业者的信念很重要，在坚持对行业前景和潜力正确判断的基础上，坚定的意志和突围的能力尤为关键，而这一切绝对不是短时间内可以养成的。因此在校期间的课程思政培养具有重大意义，培养学生遇到困难不退缩、敢于直面人生、积极向上的生活态度，坚韧不拔、团结合作的工作信念，有担当、有责任感的品质，都是在培养学生专业技能的同时无形中入脑入心的"盐分"。职业教育也要充分发挥社会培训的功能，帮助初创企业突破管理难题、技术门槛、人力资本"瓶颈"等，实现可持续性发展。

5.4 结束语

高职毕业生返乡创业可以有效解决城市就业难和新农村建设中的人才需求缺口大的矛盾，有利于推进农业产业结构调整，促进现代农业的发展。目前天津市农村创业主体中高中以上学历的人数较少，文化程度低，制约了农业生产方式的技术创新，以农业为主体的一二三产业融合进程也受阻，因此加快培育新型农业生产经营主体是都市型乡村振兴的关键。而接受过高等教育的职教学生既具有完善的知识体系，又拥有专业技术，通过返乡创业可以为农村带来新生力量，创业方向也以"农业+产业链""农业+旅游""互联网+农业"为主，是发展现代农业、实现乡村振兴的主力军。本书通过对天津市高职毕业生返乡创业进行调研，筛选出创业较为成功的案例，进行专项研究，归纳总结其创业成功的逻辑过程以及创业行为的共性因素，并从职业教育的角度构建了 MSEP 动力模式，以期带动更多的有知识、有理想的青年学子投入到新农村建设中去，开拓事业，振兴乡村。

6 其他省市职业教育助力返乡 青年电商创业经验总结

　　《教育部等四部门关于实现巩固拓展教育脱贫攻坚成果同乡村振兴有效衔接的意见》中明确提出，加强"双师型"教师队伍建设，结合当地经济社会发展需求，科学设置职业教育专业，提升服务能力和水平。推动职业院校发挥培训职能，与行业企业等开展合作，丰富培训资源和手段，广泛开展面向"三农"、面向乡村振兴的职业技能培训。根据第七届中国国际"互联网+"大学生创新创业大赛的数据，全国共有2586所院校的40万个创新创业团队、181万名大学生扎根革命老区、城乡社区创新创业，共对接农户105万户、企业2.1万多家，签订合作协议3万余项。《教育部关于做好2022届全国普通高校毕业生就业创业工作的通知》中也明确提出，建立完善大学生创新创业信息服务平台，提供创新创业相关政策发布、解读、项目对接等服务。组织双创导师深入校园进行政策解读、经验分享和实践指导，支持大学生返乡创业、到城乡基层创业就业。各省市都在大力推进高等教育助力乡村振兴的工作，尤其是充分发挥职业院校、涉农高校的资源优势，带技术进村，带项目下乡，带人才入企，全面帮扶返乡大学生、农民在创业过程中遇到的难题，提升创业企业的存活率和盈利能力，完善乡村产业结构的升级。

6.1 新疆
——以新疆农业职业技术学院为代表

乡村振兴，人才是关键。新疆农业职业技术学院咬定"农"字不放松，以扎根乡村育人才为目标，将创新创业培育融入教育教学全程，通过专创融合、产创融合、赛创融合构建双创教育工作体系，激发学生双创活力。2020年就业去向落实率稳定在90%以上，其中，留在南疆生源地就业比例在75%以上，为边疆地区巩固拓展脱贫攻坚成果、推进乡村振兴提供了人才支撑。

6.1.1 专创融合，双创教育融入人才培养全过程

学院构建"多元参与、弹性灵活、全人教育"的人才培养体系，开展现代学徒、研修制改革，开发针对不同专业群的创新创业课程体系，将分层分类设置的创新创业课程和实践训练融入专业教学体系。将思政融入创新创业教育全过程，引导学生回乡就业创业。每年有70%毕业生在基层就业，其中，到农林牧等艰苦行业就业的毕业生比例在30%以上。

学院强化创新创业教育优质资源建设，完善在线开放课程学习认证和学分认定制度。依托超星、智慧树等网络教学平台，构建创新创业类精品在线课程，校企合作开发出版了12本学徒制岗位活页式教材、20多本项目化教材，开发了240多门共享在线精品课程。依托全疆首个以高校为载体的创新方法推广应用工作站，开展创新师资培训540人次。依托国家级众创空间，发起"让学生增值，为个体赋能"活动，开展培训上万人次。

学院以16个校企二级学院和5个产业学院为平台，创新"校企联动现代学徒岗位培养模式"，探索实践了农业装备应用专业"一平台两阶段六岗轮训"、畜牧兽医专业"四阶段二层次"等各具特色的现代学徒制人才培养模式，让教师变为教练、学生变为运动员、教室变为创意工厂，将作业变成作品，将作品变成产品，形成专创融合育人新特色。

6.1.2 产创融合，搭建产教融合新平台

构建全方位创新创业教育生态培育体系，以创新引领创业，促进教育链、人才链与产业链、创新链有机衔接，着力打造第一产业技术技能人才培养高地，努力形成毕业生更高质量创业就业的新局面。

学院投入 6800 万元与企业共建 16 个现代农业技术创新服务平台，对接现代高效农业产业链，与行业标杆骨干企业合作，瞄准产业关键核心技术，解决中小企业技术研发的瓶颈问题。实施"技术技能创新+成果转化+产业发展"的科技服务农业产业发展新模式，近年来获实用新型专利 182 项、软件著作登记 105 项、新品种登记 7 项、专著 31 项，校企合作横向课题 10 余项，合作研发经费 300 余万元。2018 届一位毕业生成立了新疆盛禾鑫丰农业发展有限公司，培育的陇鑫 1 号辣椒产量高、抗性好，极大地提升了辣椒种植户的经济效益。

学院始终紧盯"田间地头"，围绕"院校+地方政府+企业+乡村"的发展模式，打造"一校一乡一品"全产业链发展模式，年均带动全疆示范户产生经济效益 600 余万元。

6.1.3 赛创融合，培养创新创业生力军

以中国国际"互联网+"大学生创新创业大赛为抓手，激发学生的创造力，坚持立德树人，以培养高质量人才来服务社会稳定和长治久安为工作总目标，让农牧民的孩子在乡村振兴和农业农村现代化建设中大有作为，实现出彩人生。

完善大学生创新创业大赛制度，建立"国家级—自治区级—州级—院级—专业级"的五级竞赛体系，促使每一个学生"参与一个项目，参加一次竞赛，经历一次创新，体验一次创业"。2019~2020 年，孵化创新创业项目 300 余项，创业率平均为 6.6%，高于全国"双高"学校三个百分点。

2019~2020 年，学院在中国"互联网+"大学生创新创业国赛上两次荣获职业院校"先进集体奖"，荣获国家级大学生创新创业大赛奖励 28 个，其中，自治区级创新创业奖项 176 项。2018 届一位毕业生成立新疆伽师县英买里乡红钻农产品农民专业合作社，年生产、销售西梅 1500 余吨，收入 2000 余万元，带动数百人就业，成为西梅产业的领路人。

6.2 云南

——以云南农业职业技术学院为代表

云南农业职业技术学院深入学习贯彻习近平总书记重要讲话精神，始终坚持"以农为本、服务三农"人才培养理念，发挥农业高等职业教育优势，聚焦对乡村创业青年的教育培训、产教联盟，助力区域产业振兴，实现巩固拓展脱贫攻坚成果同乡村振兴的有效衔接。

6.2.1 发挥教育培训优势，助力农业人才培养

重点发展高原特色现代农业专业，推动农业、食品药品、大健康等多专业交叉融合发展，为培养高素质农业技术技能人才提供有力的支撑。学校每年培养毕业生 4000 余人，累计培养毕业生 5 万余人，95%的毕业生直接返乡就业创业服务于云南"三农"发展。围绕职业烟农、基层农技人员、新型职业农民、农民创业指导服务等，积极开展技术技能培训，累计培训 10.1 万人次。深入推进校企合作，打造"云南农林产教融合示范园区"，筹备组建"云安产业学院"，按照每年不低于在校生规模两倍的目标开展各类培训。与共青团云南省委联合筹建成立云南省新农人创新创业学院，与昆明市晋宁区、楚雄州双柏县联合成立乡村振兴产业学院，为加快农业农村现代化提供人才支持。

6.2.2 发挥校地合作优势，助力区域产业发展

学校与五华区政府合作打造民族团结特色示范区，围绕民族地区特色产业，打通产品流通和销售"瓶颈"，合力构建长效机制，积极推动民族地区产业发展。在茭菱校区建设民族团结进步示范广场，成立云南民族文化交流、生态成果展示和乡村振兴产业创新等中心，将巩固脱贫攻坚成果、乡村振兴与民族团结进行有机结合，促进各民族交往、交流、交融，铸牢中华民族共同体意识。积极探索"产城融合、产教融合、三产融合"的校地协同创新发展模式，与五华区西

薷街道开展深度合作，打造示范效果好、带动能力强的农业产业化联合体，开设4 个实体门店，孵化五华"城市新农人"创业项目，积极培育现代农业种植养殖和经营能手、农业经理人，有力推动西薷街道集体经济向好发展，助推五华区现代农业转型升级。

6.2.3 发挥产教联盟优势，拓展脱贫攻坚成果

联合农业企业成立云农职·慧农时邦高原特色农业产教联盟，积极发展电商，带动经济欠发达地区的发展。与昆明市晋宁区、楚雄州双柏县共建乡村振兴产业党建联盟服务中心、农业产业互联网运营中心、乡村振兴产业孵化器、产业提升中心、特色农产品品牌推广中心等，与地方政府和事业单位、科研院所、联合企业、行业协会等牵头组建云南乡村振兴职业教育集团。先后与昆明市、耿马县、沧源县、广南县等建立校政合作关系，积极开展线下体验、线上销售、社区拼团、小区地推、商超促销等，销售地区农产品，持续有效巩固脱贫攻坚成果。依托产教联盟平台，通过线上、线下相结合的方式，帮助沧源、广南、德钦等地销售佤鸡、粽子、玫瑰冻干等特色农副产品，2020 年以来销售额达 4000 余万元，为"云品出滇""滇货出山"提供可借鉴的推广模式。

6.3 广东

——以广东工贸职业技术学院为代表

根据广东省委的部署安排，广东工贸职业技术学院定点帮扶茂名化州市镇安村。镇安村属化州中部地区，位于鉴江河畔，村民以种植水稻、花生、瓜菜和养猪、养鸡、养鱼为主要经济收入来源，属于纯农业型村庄，农业经济产业发展单一。

6.3.1 因地制宜、因户施策实施多元化立体式项目

一是引进广东省红海人力集团在村创设就业服务中心，定期在村开展就业技

能培训和长期在村招聘人才。二是引进广东省农业龙头企业广东盈富农业有限公司，在村举办"怀乡鸡"养殖技术培训，实施"怀乡鸡"名鸡生态散养项目。三是联合商会、企业创立"万讯七子"镇安致富中心农村电商，大力发展"互联网+产业+公益"特色电商项目。四是与地方种植专业合作社密切合作，在村租用了120亩田地创建"杂交水稻育种+广藿香、莪术药材种植"基地，投资69.0408万元创建了百亩"原生态蔬菜种植"基地。五是投入90.8万元建设90.9千瓦光伏项目和投资59.88万元入股华聪药业。六是实施"N+1"帮扶，开展"1+N"助学结对和组织大学生党员、志愿者下乡支教帮扶，引进各社会团体到村开展一系列文化、科技、卫生、医疗等公益活动。

6.3.2 利用校企合作资源，引入公益助农电商项目

项目从2016年10月开始，开展了洽谈、团队的组建、平台的开发和测试、运营机制的搭建和镇安致富中心超市的创建等前期工作，2017年5月项目落地运营，2017年至今完成了项目平台的试运营和优化工作，建立了"一中心两超市三致富站"的校地电商助农模式。其中，"一中心"是指镇安致富中心电商平台；"两超市"是指在镇安村创建的致富中心超市、在学院创建的大学生创业超市；"三致富站"是指在其他三片区内创建的目今致富站、塘坡致富站、山底致富站三个商店。在校创建200多个学生网上店铺，有序推进进行业、进学校、进乡村"三进"行动，帮扶乡村青年创业。

6.3.3 发挥专业技术人才优势，落实推动项目运营

充分发挥学院电子商务、物流管理、市场营销等品牌专业技术人才优势，在校通过二级学院党总支以基层服务型党组织建设来统筹落实。二级学院成立专项工作小组，选择熟悉党务工作和电商专业的师生党员组建精干高效的电商团队来负责项目推动和运营，协助合作单位做好项目调研、平台优化、资源对接、物流配送对接、项目宣传推动等工作，并在学院、化州市和广州市小部分企业开展了多场线下展销活动，拓宽了农特产品的销售渠道。在村共建种植养殖基地，使产业搭上互联网快车快速发展，这也为当地青年提供了更多创业机会。

6.4 浙江

——以浙江旅游职业学院为代表

浙江旅游职业学院积极响应国家乡村振兴和省委、省政府美丽乡村建设的决策部署，主动开展"服务旅游万亿产业五年行动计划""百个师生团队助力万村景区化建设""暑期乡村旅游免费送教下乡"等活动。截至 2020 年，已为全省57 个县（市、区）的 266 个村庄提供了乡村旅游发展指导，助力 56 个村庄成功创建省 3A 级景区村庄；连续 14 年开展"暑期乡村旅游免费送教下乡"活动，受益人群达 5 万人次，得到了省分管领导的批示；组织 55 支团队 300 余名师生分赴 31 个县（市、区）服务浙江省旅游"微改造、精提升"，助力共同富裕示范区建设。

6.4.1 举办乡村振兴创意大赛，搭建创业平台

大学生乡村振兴创意大赛是浙江省发现创业人才和创业项目的一个重要渠道，是省规格最高、规模最大、影响最广的高校服务乡村振兴的重要赛事，在全国率先探索出真题真做、"政校企村"四位一体助力乡村振兴的浙江模式，2021年举办第四届，由浙江旅游职业学院主办。学院的"洪村味道"团队就是由大赛孵化成立的，"洪村味道"团队成员实力强劲、专业背景深厚，项目负责人阎晗是国内中式烹饪高级技师，曾获得国内外烹饪赛事金牌 10 余枚。团队三位指导教师拥有旅游管理、食品科学与工程和酒店管理专业背景。其中，指导教师徐迅拥有 30 多年的烹饪教学经验，曾指导学生参加国内外烹饪大赛获金牌 20 余枚。团队和当地返乡创业青年开办的文化创意公司合作，助力乡村旅游的开发，通过充分的调查研究，了解到洪村周边的径山寺每年主出入口接驳量约 200 万人次，分流效应给洪村带来的游客预估为 1%~3%，约 3.6 万人次。因此，要真正发展洪村经济，需要开发吃住玩等项目，这样才能留住游客。对此，团队为洪村设计了餐饮体系，制定了专门的营销策划方案，把这个山村秋天的梨、冬天的

笋、春天的桑果、夏天的甜瓜，以及带着虫斑的青菜、跑山的鸡鸭等，做成精品土菜，吸引更多人来这里品美食、打卡美景。

6.4.2 聚焦乡村运营人才培养，建立浙旅·乡创空间创业园区

2020~2021年，"师生助力全省万村景区建设"项目为浙江省内11个地市67个县（市、区）的286个村庄提供乡村旅游发展指导，各个村庄或依托自己的山水环境，或依托农业产业特色，或依托现代创意，因地制宜，形成了自身的特色和发展路径，其中，94个村庄成功创建省3A级景区村庄，安吉余村创建成为国家4A级旅游景区。2021年是乡村全面振兴的开篇之年，也是巩固拓展脱贫攻坚成果同乡村振兴有效衔接的起步之年。为响应乡村振兴国家战略，浙江旅游职业学院充分挖掘乡村振兴和乡村旅游资源，联动乡村运营相关企业，以乡创空间为载体，探索乡村运营人才培养新模式。

乡创空间主要包括成果展示区、路演教学区、创业孵化区、乡村电台区。其中，成果展示区主要展示学校研究项目和孵化项目的成果集合，包含村镇改造效果、研究奖项等；路演教学区主要用于学生培训、比赛实践、项目路演；创业孵化区用于招募学生团队进行专项主题比赛，帮助学生团队对接专业辅导企业，由企业对学生团队进行辅导实训；乡村电台区（直播室）可以通过短视频和直播的形式帮助乡村实现带货和营销推广。2021年浙江旅游职业学院招募了首批乡创空间合作运营企业，包括浙江艾歌旅游发展有限公司、杭州携途旅游有限公司、林城（杭州千岛湖）生态农业发展有限责任公司及杭州稻香小镇农业科技有限公司等在内的10家乡村振兴相关企业。

一方面，学校充分发挥智库智囊作用，凭借多年服务乡村振兴的经验和资源优势，通过"企业出题""师生团队答题"的形式，对村镇项目进行承接，为企业出谋划策，指导企业提供技术和业务支持。另一方面，企业对学生团队进行选拔入驻，定向培育学生团队，对学生进行辅导和实训，辅导学生参加比赛及后续项目落地执行，也可吸纳优秀学生进入企业体系。这种校企双方互利共赢的合作模式，对于培养乡村运营人才、助力乡村振兴大有助益。

6.5 陕西

——以陕西职业技术学院为代表

《国家职业教育改革实施方案》颁布以来，陕西职业技术学院乘势而上，充分利用高职院校扩招 100 万人的契机顺势而为，对照国家高水平职业院校和高水平专业建设要求，发挥自身优势，与驻地政府就职业技能培训，输送高素质技能型人才，服务地方文化、旅游、艺术事业发展等方面开展合作，助力区域经济的发展，实现学院与地方经济社会发展良性互动共赢。

6.5.1 建立西安市长安区乡村振兴人才培训基地

陕西职业技术学院进一步发挥"低重心"办学特色，积极对接长安区委、区政府，利用自身职业教育的优势，在职业农民的培训、区域文化旅游建设等方面达成合作意向，签署了《关于深化校地融合开展乡村振兴人才培育合作框架协议》，被长安区委确定为"西安市长安区乡村振兴人才培训基地"，150 名学员参加培训学习，围绕农产品电子商务、休闲农业发展趋势等进行专题讲授，并组织实地实践教学。合作创新乡村人才培养新途径，开创乡村振兴课题研究的新模式，学院积极融入长安区"三三"发展战略，充分发挥职业技能型人才高地的作用，积极服务地方经济发展。

6.5.2 现代物流和互联网深度融合，推动地方果业经济的发展

学院积极和灞桥区委、区政府对接，充分利用电子商务专业的优势，为灞桥区的农副产品销售开展电子商务销售技能培训，牵头举办白鹿原"互联网+果业"高峰论坛和"互联网+果业"创新创业座谈交流会，让现代物流和互联网深度融合，推动地方果业经济的发展，每年为当地农民网络销售樱桃等水果超万斤，使学院与地方实现了双赢。乡村振兴之路离不开人才和产业，高等职业教育不能缺席，陕西职业技术学院抢抓机遇，锐意改革，以新时代职业农民、返乡青

年的培训为抓手，助力乡村经济发展，积极融入当地社会经济文化建设，探索出了一条高等职业教育服务区域经济发展的新路子。

6.6 江西

——以江西外语外贸职业学院为代表

江西外语外贸职业学院自 2018 年 10 月起承担定点帮扶婺源县浙源乡虹关村的工作任务以来，充分发挥自身学科专业、人才等资源优势，派人员、出措施、筹资金，先后选派 7 名干部长期驻村帮扶，陆续拨付帮扶专项资金近百万元用于改善虹关村基础设施建设和推动产业发展。学院成立江西电子商务发展研究中心，承担商务部电子商务进农村示范县规划编制、评审、培训等工作，与余干、万年、南丰等县进行校地合作，助推社会经济发展。

6.6.1 突出职教特色，培养技能型实用人才

在学院帮扶下，虹关村申办了全省唯一的村办电商培训基地——婺源县天佑电商培训中心。中心以"电子商务""创业就业"专业技能培训为业务范围，着力培育村民的电商理念，提升其创业就业能力。基地自创办至 2021 年，累计开班近 10 次，培训婺源县境内学员 300 余人。该中心于 2021 年 4 月被成功确定为上饶市创业培训定点机构。

6.6.2 发挥专业优势，拓宽创业帮扶新路径

学院为虹关村农特产品精心打造"大樟园"品牌，邀请设计专业师生为合作社设计品牌标志和包装，共开发和设计 50 多个产品品种。同时与学校专业教师合作，开发了大樟园生态农产品微信商城；会同国际商务学院会展专业、旅游学院茶艺专业等开展了 15 次虹关农特产品进校园、进社区展销活动，积极探索出了新的发展路子，使虹关村农产品销售会展、电商平台形成合力，线上、线下齐头并进，既宣传了虹关，又让虹关农特产品迅速脱销。

返乡青年电商创业行为研究

6.6.3 立足优势产业，推动农文旅融合发展

学院深挖虹关村历史底蕴，发挥文旅产业优势。以发展高端民宿、写生基地、农家乐为增长点，点燃致富新引擎。帮助创业公司建立微信公众号，编辑"虹关印象"系列推文，吸引更多的人了解虹关、做客虹关。学院组织有关旅游专家学者出谋划策，充分挖掘村史文化，把乡村文化、田园文化深度融合，推进"一村一品"建设工程，构建"X+旅游"特色发展模式，大力推进写生旅游、民宿旅游，使其成为该村乡村振兴的新支柱、新动能。截至 2020 年，虹关村已建成继志堂、留耕堂、水岸边、山水画苑等高端民宿、写生基地近 10 家，玫瑰庄园、桃花奇缘农庄、大有饭店、徽州家乡等特色农家乐 20 余户。截至 2020 年，年接待游客近 2 万人次，年营业总额近 1000 万元，让 200 余人实现家门口就业。同时，利用学院援外培训项目，组织来自老挝、马尔代夫、埃塞俄比亚等多国学员 100 余人赴虹关交流学习，为打造国际化旅游乡村创造条件。

6.7 结 束 语

各职业院校充分利用产教融合优势、技能型人才培养模式、双师型教师队伍、创新创业大赛平台等资源，全面落实立德树人根本任务，统筹育人资源和育人力量，发挥实践育人在高质量人才培养中的重要作用，提升乡村振兴创新人才培养能力。对农业技术人员、新型职业农民、新型农业经营主体负责人、农村实用人才等开展常态化培训；对在基层工作的高校毕业生、返乡农民工、退伍军人、家庭农场主、科技示范户等生产经营主体开展定期培训，提升其专业技术技能和科技素质。院校之间、院校与科研所、院校与地方政府、院校与企业等开展深度合作与开放共享，统筹好各渠道资源，加强行动间的系统衔接，形成促进乡村振兴工作的合力，增强返乡青年的创业资源可获得性感知，拓宽返乡青年创业的社会网络关系。榜样力量和学校家庭的支持助力了返乡青年可持续创业的激情，也为更多毕业生返乡就业创造了机会。

·80·

7 职业教育助力返乡青年电商创业的路径优化

　　农村电子商务是大力发展现代都市型农业的重要举措。推进农村电子商务发展有利于促进生产结构调整，倒逼标准化生产，使农业结构更加优化、产品更加优质，进而向品牌化方向发展，提高产品竞争力，增强产品有效供给，促进高效农业发展。农村电子商务也是农业市场化水平提高的重要标志，推进农村电子商务发展有利于拓宽销售渠道，促进生产者与消费者有效对接，创新流通模式，加快培育新动能，改造提升传统动能，有效解决产销矛盾，推动农村一二三产业融合。农村电子商务更是促进农民增收的有效途径，推进农村电子商务发展有利于延长农业产业链条，激活农村沉淀的要素资源，挖掘农村消费潜力，扩大农村购销渠道，改变农民消费习惯，带动农村物流业发展。因此，天津市委、市政府以推进供给侧结构性改革、培育农村经济新动能为方向，以政策引导、市场运作、统筹发展为原则，培育农村电子商务市场主体，引导鼓励高校毕业生等各类返乡下乡人员开展农村电子商务创业就业，拓展农村商品流通渠道，创新农村商业模式，全力推进天津市农村电子商务健康有序快速发展。职业院校应发挥产教融合、科教融汇的优势，利用完备的实训实践教学设施以及丰富的创业导师资源，培养返乡青年的创业意识，锻造其创业技能，帮助其整合创业资源，提供创业渠道，激发创业动机，通过社会关系网络的引导扩大资源可获性认知，提升返乡创业的成功率。

7.1 优化育训结合的人才培养方案，提升返乡青年的创业感知

返乡青年电商创业既可以为乡村振兴提供人才储备，也是实现乡村产业振兴的渠道之一，是农村一二三产业融合发展的契机。职业院校对电商创业人才的培养要建立"农业+电商技能"的育训模式，不能简单地把课堂里的教案直接搬到农村。农村电商创业人才既要懂农业，又要懂电子商务。职业院校要以农产品知识为核心，以电商技能为导向，进行课程创新、教法创新，校内校外全面开展返乡青年创业意识、创业技能、创业方法等方面的育训。各职业院校可以组建教学团队助力农村电商人才培养，农业专家和电商教师联合授课，开设农产品基础知识、互联网技术、品牌建设、经营管理、物流配送等课程。同时充分发挥行业协会协调管理作用、龙头企业或市级合作社的主体作用，将区域电商平台引入教学实训环节，实现双赢。具体内容见附录1。

育人与培训一体化的"育训结合"是我国特色职业教育发展模式的集中体现，是职业院校工学结合、知行合一的复合型技术技能人才培养培训模式的落地，它不仅遵循教书育人规律，也遵循技术技能人才成长规律，坚持立德树人和服务经济社会并重，能够为乡村振兴提供优质人才资源支撑。各职业院校可以探索"在校重全面培养""在村重类型培训"相结合的育训路径，"外部输入人才+内部培训人才"双管齐下，利用都市区丰富便利的教育资源，培养、输送毕业生到乡村创业就业。

7.1.1 强化"外输"效果，为农村电商创业输送适用之才

7.1.1.1 优化专业设置，提升返乡青年的自我效能感

在专业设置过程中，加强农村金融、农村电子商务、农村现代化技术与现代管理等带动乡村经济发展的新业态专业建设或专业方向开设，加强乡村振兴人才供给。推进乡村振兴，人才是基本保障。职业院校要坚持以需求侧为导向，主动

融入地方产业发展规划，优化或调整专业方向，有效培育"本土"新农匠，做到职业教育专业建设与地方特色产业集群同规划、同发展，形成双向支撑。

要优化专业设置，加快培养适配人才。充分考虑地方产业的人才需求和职业院校的专业布局，开设农村会计、农村电商、农业信息化等专业或专业方向。加强课程建设开发，在人工智能、数字媒体等已设专业中，融入乡村经济建设相关教学内容，提高课程建设的针对性。加强教学模式创新，以任务为导向，坚持学做结合，培养新形态专业人才、技术复合型人才，提高面向乡村振兴领域就业的适应性和广阔性。

7.1.1.2 专创、产创、赛创相融合，提升返乡青年的创业意识

职业院校要构建"多元参与、弹性灵活、全人教育"的人才培养体系，开展现代学徒、研修制改革，开发针对不同专业群的创新创业课程体系，将分层分类设置的创新创业课程和实践训练融入专业教学体系，将思政融入创新创业教育全过程，引导学生回乡就业创业。利用丰富的校企合作资源，打造"院校+地方政府+企业+乡村"的发展模式，促进教育链、人才链与产业链、创新链有机衔接，与行业标杆骨干企业合作，打造示范效果好、带动能力强的农业产业化联合体，校企村共同开发建设创业项目。以中国国际"互联网+"大学生创新创业大赛为抓手，激发学生的创造力，定向培育学生团队，可建立"乡创空间"充分挖掘乡村振兴的资源，培养、孵化、落地大学生乡村振兴创业项目。

7.1.1.3 促进学科交叉与融合，提升返乡青年的创业管理能力

天津市乡村振兴主要发展的是现代化农业，打造优势特色农产品全产业链开发，休闲农业与乡村旅游产业全方位升级，大力培育乡村产业新业态。《天津市推进农业农村现代化"十四五"规划》中明确提到，要"大力发展农村电子商务，加快农村电子商务基础设施建设。突出科技、文化产业支撑，依托'互联网+'拓展招商引资、宣传推广、产品销售渠道，导入现代科技、人文元素，厚植'农业+互联网'、'农业+文化'产业发展土壤"。这就对人才提出了更高的要求，需要懂农业、懂技术、懂运营、懂管理的复合型人才。

职业院校可以校内统筹资源，开设学科专业交叉融合、理论与实践紧密结合、政产学研通力配合的乡村振兴实验班，推进教学模式、教学方法的改革与创新，加大教师队伍、教学条件等方面的建设力度，培养懂农业、爱农村、爱农民

的农业农村现代化建设接班人。

7.1.1.4 开设大师工作室，提升返乡青年的创业技能

截至 2022 年，天津拥有国家级非物质文化遗产 47 项、市级非物质文化遗产 203 项、非物质文化遗产传承人 282 位，其中，117 项分布在各郊县和乡村，很多项目都面临着收益低、见效慢、年轻人不愿意做的问题，失承现象严重。只有改变单一的传承方式，制定有效的制度化学校教育传承方法，针对口传身授的民间民族技艺整理出规范、系统、科学的教学标准和人才培养方案，才能实现非物质文化遗产的科学传承，让手艺"活"在乡村，让人才带动非遗产业的发展，让非遗成为乡村振兴的亮点。

职业院校可以结合专业特点，在校内设立名师工作室、大师传习所，聘请非物质文化遗产传承人等担任职业院校兼职教师，开展传统技艺教育，按照工作流程进行任务分解，系统性设计培训方案，开发特色教材，充分利用职业院校的教育教学资源促进传统手工业的标准化和传播化。也可以通过行业协会组织，在传统技艺人才聚集地设立工作站，开展"课堂教学—工作现场—市场开发"相结合的教学模式，使人才培养、技艺传承、项目孵化相结合，为非物质文化遗产的传承、创新、研究和管理提供有力的人才保障。

7.1.2 完善"内训"机制，提高农村电商创业的技能效能感知

7.1.2.1 发挥城郊职业教育集团的作用，加强对基础农业种植养殖能手的培训

2017 年天津市成立城郊职业教育集团，以静海区、武清区、宝坻区、宁河区、蓟州区五个郊区的职成教育为基础，发挥彼此的优势和特色，相互取长补短，实现区际网络信息互融互通，域内各级精品专业、课程、设备、场地等学习、实习、实训资源共建共享。各区坚持做优做强职继协同发展模式，将职教中心的内涵式发展和乡村振兴战略密切结合，加大对基础农业人才的引进，筛选农业企业进行校企合作，开展新型学徒制培养模式，以"政府主导、企业为主、院校参与"为基本原则，针对农业企业对劳动密集型人才的需求特征，在企业开展"招工即招生、入企即入校，企校双师带徒、工学交替培养"的高级农业种植养殖能手培养新模式。

7.1.2.2 充分利用职业院校产教融合的办学优势，开展专业技能劳动力的培训

以"政府+高校+企业"为合作办学模式，开展"订单班"人才培养，由企业提出订单需求，政府组织输送，学校定向培养，实现"职教一人，就业一个"，提高职业教育和乡村发展的契合度。同时将学制教育和专业培训相结合，设立和农业农村农民相关的大农专业，整合组建农学、农工商、农服务等专业群，积极面向返乡农民工、高素质农民、留守妇女等群体招生，适当降低文化素质测试录取分数线。在区域内建设一批农村实用技术人才实训基地，以农村基层组织负责人、家庭农场、农民合作社领办人和专业大户为重点，开展针对性培训。将"1+X"职业技能等级证书下沉，将"X"证书考核内容和农业生产过程相结合。职业院校的涉农专业在教学安排中，要积极参与到农民职业技能鉴定和职业技能等级认定的组织和培训中去，提高农民的就业创业能力。

天津市的乡村离城市比较近，能够优先享用到城市丰富的教育资源，天津市滨海新区大港农机中心按照"立足实用性，注重实效性，严把安全关"的工作方针，创建了"农机学校、街镇、农机合作社"的"三位一体"联合办学模式，开展农机培训、新型职业农民培训和普及性培训，共设立9个培训点、3个培训分校，开办培训班16个，培训2090余人次。面向农村劳动力、未继续升学初高中毕业生等青年持续开展就业技能、职业技能提升等培训，在优质高职院校选取区域经济建设急需、社会民生领域紧缺和就业率高的专业，招收农民工、新型职业农民，提升其职业技能和就业创业能力。2019年，天津市农业农村委员会联合高校的资深专家教授举办"互联网+"现代农业培训班，对驻村帮扶工作小组的249人进行培训，同时和天津农学院合作连续3年举办"天津市农村创业创新大赛"，服务近百个项目。天津市静海区和职业院校合作将农民培训落到实处，使用专用培训教材，完善教学管理制度，把好人员关和培训质量关。

通过开展内容丰富、形式多样的培训和教育，2019~2021年职业技能培训达60万人次以上，到2020年技能劳动者占就业人员总量的比例达到20%以上，高技能人才占技能劳动者比例达到31%以上。职业教育提高了乡村人才的技能性和专业性，为建设产业兴旺、生态宜居、乡风文明、治理有效、生活富裕的乡村积淀了雄厚的人力资源。

7.1.2.3 将职业院校丰富的思政资源和乡村发展相结合，强化乡村管理人员的培训

有条件的职业院校按照有关规定，根据乡村振兴需求开设涉农专业，支持村干部、新型农业经营主体带头人、退役军人、返乡创业农民工等，采取在校学习、弹性学制、农学交替、送教下乡等方式，就地就近接受职业高等教育，培养一批在乡大学生、乡村治理人才。各职业院校的老师组建专业志愿服务队伍，围绕学习实践科学理论、宣传宣讲党的政策、培育践行主流价值等内容，提高乡村管理干部的政治水平。选拔一批龙头企业负责人、合作社负责人，进入职业院校接受专业技术、经营管理知识和法律知识教育，培育一批高素质农业经营管理人才，同时面向乡村基层干部和涉农人员开展成人学历提升教育。

7.2 加强政企校村合作，提升返乡创业 青年的资源可获性认知

乡村振兴是一个系统性工程，职业教育有其天然的社会性属性，这就决定了职业教育在助力乡村振兴过程中必须走多主体"协同共育"之路。职业教育一头连着教育、一头连着产业，通过产教融合、校企合作，与经济社会发展紧密联系、精准对接。职业院校具有联结作用，要充分发挥这一特性、优势，围绕农村产业发展所需，盘活政府、乡村和企业的资源，对接乡村经济发展新形态，积极整合社会资源参与职教兴农，撬动并激活返乡青年参与乡村振兴的动力，提高其创业资源可获性认知。

7.2.1 建设乡村振兴产业学院，为返乡青年创业发展搭建平台

职业院校拥有与乡村产业链联系最紧密的人才与科技资源，应立足乡村振兴开展科研和社会服务，把科研成果和专利成果转化到田间地头、工厂车间。建设乡村振兴产业学院，引入校企合作企业，以区域产业发展需求为引领，探索产业链、创新链、教育链有效衔接机制，实现职业院校专业设置与乡村特色产业的有

效对接，将产业学院建设成为集人才培养、技术创新、科技服务、学生创业和继续教育为一体的多功能体。

7.2.1.1　产业学院为返乡青年搭建技能平台

2021年财政部、商务部、国家乡村振兴局继续开展电子商务进农村综合示范工作，并明确指出培育农村电商创业带头人为中央财政资金重点支持的方向之一。依托产业学院的育人功能，完善产品包装、摄影美工、直播带货、网店运营等课程，加强对具备条件的返乡农民工、大学生、退伍军人、合作社社员等的实操技能培训，发挥电商致富的示范性、引领性。注重培训后续跟踪服务，提高创业就业转化率。在新技术、新应用与产业进一步融合的大背景下，数字赋能赋智农业，需要打造农产品销售新体验。从产品采购、品控管理、产品选品到营销策划、营销推广、短视频制作与文案制作、产品在线销售、售后服务的使用管理、维护维修等，构成了电子商务数字技能生命全周期产业链，也进一步改变了农业发展的格局、形式、营销和体验。因此，职业院校一方面要加强科技服务供给，组建由职业院校专家、教授领衔的师生技术服务团队，通过科技特派员、教师下企业、"种技术"、合作开展横向课题研究等形式，送教下乡、送技到田，为乡村企业、农民合作社、农户等提供技术服务和指导；另一方面要加强新零售技术、新媒体电商应用的服务供给，选派经验丰富的直播电商专家从直播选品、直播间搭建、直播策划、直播操盘运营等角度提供服务和指导，面对面授课辅导，强引导、传技术，帮带群众掌握网络直播技巧，打开农产品销售新渠道，为返乡青年电商创业注入强劲动能。

7.2.1.2　产业学院为返乡青年搭建项目平台

在产业学院办学体制下，产业需求导向、多主体协同育人的人才培养机制更趋完善，人才培养供给侧和产业需求侧结构要素实现全方位融合，校企之间信息、人才、技术与物质资源实现共享。参与人才培养的企业主体在涉农产业集群中居关键地位，能够凭借自身强大的创新能力、资源整合能力和引领带动能力，吸引涉农项目和人才集聚，从而获得更多外部力量的支持，有利于加快培育"一村一品""一镇一业"，支持发展农产品精深加工、休闲农业、生态农业等融合产业项目，为返乡创业提供更多的项目渠道。

7.2.2　推进乡村农创园、直播电商等发展，改善返乡青年创业的营商环境

深入挖掘乡村资源，发现具有地域特色和价值的产业体系，帮助乡村发展乡村旅游、休闲农业、健康养老等主导特色产业，打造农村一二三产业融合发展的示范园区和特色优势产业集群。依托直播电商、研学旅游、广告设计等学生技能工作室和实训基地，为乡村农产品销售推广、乡村旅游路线规划、网店开设等提供全方位的支持。"文旅+直播""文化+直播"也是旅游行业新潮的营销模式，引导各地特色产品基地、民宿旅游等完善相关配套设施和服务，吸引和鼓励电商主播团队、大学生创业就业主播团队、个人独立主播通过直播将地方文化即时分享给全国各地的粉丝，带动裂变消费，助力旅游业复苏。

如天津市蓟州区作为直辖市涉农区，充分利用职业院校的教育资源，对接津农精品农商平台，各大院校组织帮扶团队成员入村开展电商培训，邀请专家策划宣传。电商直播团队深入各乡镇进行特色农特产品产地直播销售 50 余次，通过产地直销模式为消费者提供绿色、健康、优质、安全的农特产品，同时与美团、京东等大型平台签订直供协议，拓宽产品销路。同时推进文旅产业助力乡村振兴，探索建立健全乡村旅游公司化管理制度体系，创新发展模式，鼓励村民以闲置房屋入股，积极探索"公司+农户""合作社+农户""公司+村集体经济组织+农户"等组织形式，加强文旅融合、农旅融合、体旅融合、康旅融合等的发展，挖掘地方特色文化、特色美食潜力，培育旅游消费新业态。依据村庄资源禀赋，分类施策，有序推动村庄整体化打造和有针对性提升，不断丰富乡村旅游度假产品，以品牌化运营引导乡村度假产品品质化发展。

7.2.3　做好返乡创业政策的解读和推广

在调研过程中发现返乡创业人员对政府支持创业的政策不是很了解，对内容把握不准确，没有充分利用政府的政策支持打开创业局面，争取更大的利益，因此，对政策文件的解读和推广不仅有利于带动更多人投入到返乡创业事业中去，还能促进已创业人员的资源整合和事业拓展。在天津市委、市政府颁布的系列促进返乡入乡创业政策文件中，津政办规〔2020〕7 号文件和津人社办发〔2020〕104 号文件是两个内容全面细致的权威文件，职业院校可以组成政策解读团队，

研究文件内容和各种利好政策，为返乡创业人员提供政策红利支持，提高其社会资源可获得性的基本认知。

7.2.3.1　宣传解读创业补贴政策

政府文件中明确返乡入乡创业人员同等享受当地创业扶持政策，对符合条件的返乡入乡创业人员，要落实税费减免、场地安排政策，给予一次性创业补贴；对符合条件的返乡入乡创业企业，按规定给予社会保险补贴，并可参照新型农业经营主体支持政策给予支持；在天津市创业的返乡入乡人员享受与本市劳动者均等的各项创业扶持政策……对返乡入乡创业失败的劳动者，按规定提供就业服务、就业援助和社会救助。

7.2.3.2　宣传解读金融扶持政策

天津市积极发挥金融服务引导作用，促进大众创业、万众创新，加大农村创业就业支持力度。加强对返乡下乡人员就业创业的信贷支持与服务，相关金融机构推出"农创保"等产品，缓解农户小额贷款难问题。探索建立信用乡村、信用园区、创业孵化示范基地、创业孵化实训基地推荐免担保机制，缓解返乡入乡创业反担保难题。加大创业担保贷款支持力度，建立信用乡村、信用园区、创业孵化示范载体推荐免担保机制。符合条件的返乡入乡创业人员可申请最高30万元的创业担保贷款，并按规定予以贴息支持，对经营稳定守信再次贷款的返乡农民工取消反担保。

7.2.3.3　宣传解读招才引智政策

津人社办发〔2020〕104号文件中明确提出深入实施"乡村人才振兴"战略。引进一批返乡入乡人才，发掘一批"田秀才""土专家""乡创客"和能工巧匠，以乡情亲情吸引企业家、专家学者、技术技能人才等回乡创业创新，按规定为返乡入乡创业人员和引进人才及其家庭提供配套公共服务。返乡入乡创业企业招用的技术技能人才、经营管理人才，要纳入各区人才引进政策支持范围。支持返乡入乡创业的人才参加职称评审。返乡入乡创业集中地区可设立专家服务基地。继续开展返乡入乡创业急需、紧缺专业技术人才培养、技术维护培训等活动。

7.3　发挥职业院校的智库功能，
促进返乡青年的持续性创业

　　返乡青年的创业行为具有极大的不稳定性，这和创业成功率①低有直接关系，根据一手调研资料的粗略统计，一次创业失败率达到了95%，目前在营企业均完成了至少两次创业，因此，持续性创业是最终走向成功的必经之路。职业院校要发挥智库功能，给予创业容错机制和激励机制，整合已有空间资源和智力资源，助力返乡青年提高电商创业成功率。

7.3.1　打造开放式创业空间，提供持续性创业资源

7.3.1.1　搭建创业载体

　　充分发挥市场配置资源的决定性作用，依托商务职教集团，对学校闲置教学空间进行整合和改造提升，选取行业领军企业、投资机构、行业组织等社会力量共同投资建设或管理运营，引进国际国内知名创客孵化培育管理模式，打造一批低成本、便利化、全要素、开放式的众创空间。同时推进"互联网+"与传统创业载体融合，发展"线上虚拟空间"与"线下实体空间"相结合的新型众创平台，通过线上、线下相结合，为"创客"群体拓展创业空间。

　　众创空间要与科技企业孵化器、加速器、产业园区等共同组成创业孵化链条，提供一站式、高效率的商事、商务、政务和科技等相关服务，积极推进资本、技术、人才、市场等要素不断融合，为创新创业提供全方位的增值服务。针

---

　　①　关于创业成功的界定有：Wasserman 提出关于建设层面的成功，即创始人能够坚守岗位、履行职责，领导企业成功地运营；Wright 和 Stigliani 认为，创业成功是创业者认知能力、资源获取与配置能力从幼稚到成熟的过程，是领导企业逐步成长的过程；Rahman 认为，企业的财务指标和非财务指标持续性增长才是成功；张秀娥提出，创业成功应指在风险与不确定性的环境下，保证企业内部各项指标达到预期标准或行业内的高标准，从而实现企业可持续发展，并逐步走向成熟。本书的研究对象具有一定的特殊性，在对返乡青年创业成功的界定上也较为宽松，认为创始人能够连续 3 年实现营收稳定、逐步实现预期计划、企业发展潜力大即为初创企业成功。

对创业不同发展阶段需求，对创业团队开展选苗、育苗和移苗入孵工作，为有创业意向的科研人员、大学生、留学人员等提供创业见习实习机会，免费提供办公场所和辅导培训。对孵化器内企业提供高水平、高质量的专业化孵化服务。对于高成长性企业，支持其进入加速器快速成长，在一个体系内有效集成各类资源和服务。探索众创空间、孵化器、加速器和创新型产业集群协同发展的机制，实现从团队孵化到企业孵化再到产业孵化的全链条一体化服务。

7.3.1.2 完善创业环境

引导企业建立创业机制，促进内生创业、衍生创业者群体的发展。支持众创空间和初创企业发展，支持设立创业种子基金、天使基金、众筹基金等，完善创业投融资体系。积极开展以创业为主题的文化活动，打造充分展示创业成果、发掘创业新秀、分享创业经验的创业交流平台。培育创客文化，形成开拓进取、不怕失败的创业氛围。

支持众创空间根据产业特点和自身优势，应用"共享""众包""众筹"等新理念，提供专业化、差异化、多元化的大众创新创业服务。推广投资促进型、媒体延展型、培训辅导型、创客孵化型、专业服务型等创新服务模式。开展创业导师认定，建立创业导师队伍，大力发展"创业导师+专业孵化器+天使投资"的孵化模式，形成联动的创业导师网络。鼓励众创空间采用自建、合作共建或引进等方式在空间内设立研发、设计、试验、工艺流程、装备制造、检验检测和标准化等服务平台。利用大数据、云计算、移动互联网等现代技术手段，实现"互联网+创业服务"，打通创业服务中间环节，提供线上服务。

积极开展投资路演、宣传推介等活动，举办各类创新创业赛事，为创新创业者提供展示平台。深入研究和掌握各级政府部门出台的创新创业扶持政策，向创业者宣传并协助相关政府部门落实商事制度改革、知识产权保护、财政资金支持、普惠性税收政策、人才引进与扶持、政府采购、创新券等政策措施。积极宣传倡导敢为人先、百折不挠的创新创业精神，大力弘扬创新创业文化。

7.3.2 推动科教融汇，支持电商品牌建设

依托老字号品牌研究中心，有机整合学校、监管部门、行业协会和老字号企业的创新力量，充分发挥企业管理与信息技术交叉学科优势，探索老字号品牌传

承和产品技艺迭代的协同创新体制机制，打造高水平科研团队和社会服务平台。中心积极参与产学研合作，搭建科研、调研和合作教育平台，深入企业一线，了解老字号企业在数字化转型中遇到的问题，通过组建课题组、提供管理咨询、联合攻关等多种形式和企业携手开展应用性研究，解决企业的实际困难。在科教融汇逐步推动的过程中，中心的科研成果经过不断积累和沉淀，在品牌推广方面形成了系统的观点和行之有效的方法，对引导返乡青年创业品牌的塑造也有积极作用。

7.3.2.1 加强农业品牌技术支撑体系建设

整合农业科技资源，加大科技创新力度，推进"老字号""乡字号""土字号"农业品牌种业提纯复壮和新品种研发，着力解决"宝坻三辣""台头西瓜"等品种退化问题，为品牌农产品提供好的种源。把品牌建设纳入到农业产业技术体系中，依托"互联网+"现代农业和智能农业行动计划，促进农业品牌与新产业、新业态、新品牌、新流通融合发展，全面提升天津市农业品牌的良种化、科技化、跨界化、信息化。加强农业品牌文化内涵建设，深入挖掘农业的生产、生活、生态和文化等功能，积极促进农业品牌与农业非物质文化遗产、民间技艺、乡风民俗、美丽乡村建设深度融合，加强"老工艺""老字号""老品种"的保护与传承，塑强具有文化底蕴的农业品牌，讲好品牌故事，以故事沉淀品牌精神，以故事树立品牌形象。

7.3.2.2 构建优势农业品牌支撑

充分发挥天津市种业优势、人才优势和技术优势，通过合作创建、资本引入、科技创新，着力于新品牌的引进与培育，做优"新字号"农业品牌。结合粮食生产功能区、重要农产品生产保护区和现代都市农业产业园建设，依托资源禀赋、产业基础和文化传承等要素，以区域公用品牌为背书，打造"母子品牌"，塑强"老字号"农业品牌，择优培育国家知名品牌。培育"劝宝商城""家乐在线""金仓吉美格"等区域电商品牌，引导农业品牌经营主体开展网络销售，通过标准化生产、包装和流通，提高产品质量和服务水平。促进农业品牌与一二三产业特色优势资源深度融合，实现农业品牌跨界化发展。

7.3.2.3 创新农产品电商品牌营销方式

深入挖掘天津市在农业非物质文化遗产、打造现代都市型农业、京津冀协同发展和"一带一路"倡议等资源优势，塑造天津市农业品牌整体形象，策划品牌形象标识，设计发展战略规划，依托天津市农产品电子商务协会注册集体商标，做好产权保护。挖掘天津品牌文化内涵，讲好品牌故事，以故事树立品牌形象。

依托天津市三农大数据管理平台和农业品牌数据库，建立市级农业品牌公共服务平台，实现天津市农业品牌信息查询、展示推介等功能，加快农业品牌的传播推广。利用现代信息技术实现农业品牌的生产、加工、流通、营销等多平台有效对接，打造农业品牌电商化发展平台，将农业品牌建设同电子商务紧密结合，培育农产品区域电商品牌，利用互联网、"三微一端"等新媒体双向传播、受众精准的优势，增强品牌与消费者的互动，提高品牌传播效率，扩大品牌影响力，提升品牌公信力，推动品牌电商化发展。

7.4 丰富产教融合载体内涵，改善返乡青年社会网络关系

产教融合载体是连接产业界与教育系统的桥梁，旨在通过校企合作、工学结合等模式促进人才培养与产业发展的深度融合。这些载体通常包括产业学院、企业实训基地、创新实验室、技术研发中心等。这些产教融合载体不仅为学生/学员提供了接触真实产业环境的机会，还为企业输送了即战力强的应用型人才，同时也推动了职业院校教学内容与企业需求的同步更新，实现了教育资源与经济发展的良性互动。通过这种模式，可以有效提升学生/学员的就业竞争力，同时也整合了行业资源，扩大了学生/学员的社会网络关系，提高了整体行业竞争力和凝聚力。

根据《关于推动现代职业教育高质量发展的意见》《中共中央　国务院关于做好 2023 年全面推进乡村振兴重点工作的意见》等文件精神，各职业院校纷纷整合资源，加紧和行业企业合作，协同推动乡村振兴产业学院落地落实，支持办好面向农村的职业教育，加快培养乡村振兴人才，深化产教融合。

7.4.1 乡村振兴产业学院基本构架

7.4.1.1 建设目标

乡村振兴产业学院以乡村振兴战略实践人才以及技术需求作为基本导向，将服务乡村产业作为建设目标，并基于商贸专业，对接农业、农村产业链以及创新链，以进行精准化的人才培养，对接人才强国战略，助力乡村振兴，是集人才培养、技术创新、企业服务、学生创业等功能于一体的示范性人才培养实体。产业学院不断优化专业结构、增强办学活力，探索产业链、创新链、教育链有效衔接机制，建立新型信息、人才、技术与物质资源共享机制，完善产教融合协同育人机制，构建高等职业教育与县域、乡村产业集群联动发展机制，造就大批乡村振兴需要的高素质技术技能型人才，为提高农村经济产业竞争力和汇聚发展新动能提供人才支持和智力支撑。

7.4.1.2 建设思路

面向京津冀及周边区域乡村振兴战略需求，以"育人"为建设前提，全面落实党的相关教育方针政策，推进师资力量深化发展，培养出更多有志向、有责任感、热爱乡村产业的新技术人才，给乡村振兴战略的实施提供人才支撑。全面落实产学研融合发展，在政校企深度合作的前提下，基于产业学院的实际功能定位以及建设目标，在专项人才培养、学生实训、教师发展与创新创业等方面实现有机融合，进而促进产教融合，最终建立起互动、互补、互利的协同育人平台。依托职教集团中的兴农企业现有的平台资源和基础，共建乡村振兴产业学院，共同打造京津冀区域职业院校商贸类专业赋能乡村振兴标杆项目，为我国乡村振兴实践提供高质量智库成果和综合示范，将产业学院建设成为三农技术技能型人才培育培训基地，引领乡村振兴战略实践。

7.4.1.3 组织架构

乡村振兴产业学院领导决策机构采用理事会领导下的院长负责制，并设立专业建设指导委员会和校企合作委员会，对产业学院的建设发展进行指导。

产业学院理事会是产业学院的领导管理和运行决策的权力机构，是成员大会闭会期间行使成员大会职权的权力机构，拥有产业学院重大事项决策权。理事会单位由院校、××有限责任公司共同组建，院校负责理论教学和教学教务，企业负责实践教学和社会化服务。乡村振兴产业学院设院长 1 名、执行院长 1 名、副院长若干名，其中，至少一名副院长由企业方人员担任。专业建设指导委员会和校企合作委员会是产业学院的智库资源，由政府官员、职教专家、行业企业专家和校友等组成。专业建设指导委员会对内负责专业建设与教学的指导，校企合作委员会对外加强与企业、行业的多层次、多维度沟通合作。

7.4.1.4　实施保障

主要包括完备的师资队伍、先进的教学设施、丰富的教学资源、先进的教学方法以及科学的学习评价和质量管理。

在师资队伍方面，主要由专任教师、专业带头人、兼职教师组成。其中，专任教师要具有高校教师任职资格和本专业领域有关证书；有理想信念、有道德情操、有扎实学识、有仁爱之心；具有电子商务、管理科学与工程、工商管理、设计学、计算机科学技术等相关专业本科及以上学历；具有扎实的本专业相关理论功底和实践能力；具有较强的信息化教学能力，能够开展课程教学改革和科学研究。专业带头人要具有副教授职称，能够较好地把握国内外行业、专业发展，能广泛联系行业企业，了解行业企业对本专业人才的需求实际，教学设计、专业研究能力强，组织开展教科研工作能力强，在本区域、本领域具有一定的专业影响。兼职教师主要从相关行业企业聘任，具备良好的思想政治素质、职业道德和工匠精神，具备扎实的专业知识和丰富的实际工作经验，具有中级及以上相关专业职称，能承担专业课程教学、实习实训指导和学生职业发展规划指导等教学任务。

在教学设施方面，主要包括能够满足正常的课程教学、实习实训所需的专业教室、实训室和实训基地。专业教室需要配备黑（白）板、多媒体计算机、投影设备、音响设备，互联网接入或 Wi-Fi 环境，并具有网络安全防护措施。安装应急照明装置并保持良好状态，符合紧急疏散要求、标志明显、保持逃生通道畅通无阻。校内实习实训基地（室）和校外实习实训基地能够开展网络客户服务、网络营销、网店（站）运营管理、视觉设计、农产品推广等实训活动，实训设施齐备，实训岗位、实训指导教师确定，实训管理及实施规章制度齐全。具体如表 7-1 所示。

返乡青年电商创业行为研究

表7-1　校内外实训基地（室）配置与要求

序号	实习实训基地（室）名称	功能（实习实训项目）	面积、设备名称及台套数要求	工位数
1	网络客户服务实训室	用于网络客服与管理课程实践、网络客服与管理实训	面积：100平方米 硬件：计算机、互联网接口、投影设备、白板 软件：百度搜索引擎实验室、Google Chrome 浏览器最新版 台数：60台套	60
2	电子商务运营实训室	用于农村电商运营课程实践、农村电商运营实训、农产品电商运营职业技能等级证培训	面积：100平方米 硬件：计算机、互联网接口、投影设备、白板 软件：百度搜索引擎实验室、Google Chrome 浏览器最新版、电子商务技能竞赛软件 台数：60台套	60
3	网络营销实训室	用于农产品网络营销课程实践、农产品网络营销实训、"互联网+"技能竞赛培训、网店运营推广职业技能等级证培训	面积：100平方米 硬件：计算机、互联网接口、投影设备、白板 软件：百度搜索引擎实验室、Google Chrome 浏览器最新版、"互联网+"技能竞赛软件 台数：60台套	60
4	视觉营销实训室	用于农产品图形图像处理，农产品品牌形象设计，农产品视觉设计课程实践、实训	面积：100平方米 硬件：计算机、互联网接口、投影设备、白板 软件：百度搜索引擎实验室、Google Chrome 浏览器最新版 台数：60台套	60
5	直播电商实训室	用于直播电商课程实践、实训	面积：100平方米 硬件：计算机、互联网接口、投影设备、白板 软件：百度搜索引擎实验室、Google Chrome 浏览器最新版 台数：60台套	60
6	市场营销实训室	用于农产品市场营销课程实践、实训，市场营销综合技能竞赛培训	面积：100平方米 硬件：计算机、互联网接口、投影设备、白板 软件：百度搜索引擎实验室、Google Chrome 浏览器最新版、市场营销综合技能竞赛软件 台数：60台套	60
7	××有限公司	网络客户服务、网络营销、网店（站）运营管理、视觉设计、农产品推广	面积：100平方米 硬件：计算机、互联网接口、投影设备、白板 软件：百度搜索引擎实验室、Google Chrome 浏览器最新版 台数：60台套	60

序号	实习实训基地（室）名称	功能（实习实训项目）	面积、设备名称及台套数要求	工位数
8	××有限公司	品牌管理与推广	面积：100平方米 硬件：计算机、互联网接口、投影设备、白板 软件：百度搜索引擎实验室、Google Chrome浏览器最新版 台数：60台套	60

在教学资源方面，主要包括能够满足学生专业学习、教师专业教学研究和教学实施需要的教材、图书及数字资源等。教材选用严格遵守教育部《职业院校教材管理办法》的具体规定，在教材选用流程、教材选用人员、教材选用范围等方面严格规范，由教研室专业教师、合作企业行业专家和学院教务处教研人员组成的组织机构评审，共同选取优秀教材，优先选用"十四五"职业教育国家规划教材，与行业企业合作开发特色鲜明的专业课校本教材。图书文献配备能满足人才培养、专业建设、教科研等工作的需要，方便师生查询、借阅。专业类图书文献包括有关农村电子商务专业理论、技术、方法、思维以及实务操作的图书和文献。同时也要配有先进的数字资源，如与本专业有关的音视频素材、教学课件、数字化教学案例库、虚拟仿真软件、数字教材等数字教学资源，种类丰富、形式多样、使用便捷、动态更新、满足教学。

在教学方法方面，教师依据专业培养目标、课程教学要求、学生能力与教学资源，采用适当的教学方法，以达成预期教学目标。开展基于OBE教学理念的教学教法创新，制定服务于乡村产业的教学目标，确保教学内容与学生所需的职业能力对接；在课程设计和教学方案方面重新思考和规划课程，注重实践环节和项目案例的设置，以增强学生的职业素养和实际能力。倡导因材施教、因需施教，鼓励创新教学方法和策略，总结推广现代学徒制试点经验，普及项目教学、案例教学、情境教学、模块化教学等教学方式，广泛运用启发式、探究式、讨论式、参与式等教学方法，推广翻转课堂、混合式教学、"理实一体化"教学等新型教学模式，推动大数据、人工智能、虚拟现实等现代信息技术在教育教学中的运用，坚持学中做、做中学。可以利用问题驱动教学法，引导学生主动探究和解决实际问题，培养学生解决实际问题的能力。通过引入项目式教学让学生在实际项目中学习、实践、创新，增强学生的创造力和实践能力。将人工智能等创新技术工具引入到平时的教学及实验中，提高教学效果和学生创新实践能力。

在学习评价方面，对学生的学业考核评价内容兼顾认知、技能、情感等方面，体现评价标准、评价主体、考核方式、评价过程的多元化，如采用观察、口试、笔试、顶岗操作、职业技能大赛、职业资格鉴定等评价、评定方式。加强对教学过程的质量监控，改革教学评价的标准和方法。

在教学质量管理方面，建立专业建设和教学质量诊断与改进机制，健全专业教学质量监控管理制度，完善课堂教学、教学评价、实习实训、毕业设计以及专业调研、人才培养方案更新、资源建设等方面质量标准建设，通过教学实施、过程监控、质量评价和持续改进，达成人才培养规格。完善教学管理机制，加强日常教学组织运行与管理，定期开展课程建设水平和教学质量诊断与改进，建立健全巡课、听课、评教、评学等制度，建立与企业联动的实践教学环节督导制度，严明教学纪律，强化教学组织功能，定期开展公开课、示范课等教研活动。建立毕业生跟踪反馈机制及社会评价机制，并对生源情况、在校生学业水平、毕业生就业情况等进行分析，定期评价人才培养质量和培养目标达成情况。

7.4.2 创新乡村振兴产业学院教学内容

7.4.2.1 创新产业学院人才培养模式

聚焦京津冀及周边乡村产业，打造服务于乡村振兴战略的新业态，按照"服务乡村振兴，对接乡村产业链、创新链"的设计理念，模块化重构产业学院内五个专业课程体系，制定专创融合、产教融合的乡村振兴人才培养方案。把与乡村振兴战略实践人才以及技术需求作为基本导向，以行业企业技术革新为依托，把乡村经济产业相关的真实项目作为课程设计等实践环节的选题来源，依据专业特点、学生特点，模拟真实生产线等环境开展浸润式实景、实操、实地教学，从而培养具有创新能力和实践能力的乡村振兴人才。

在培养目标上对接国家乡村振兴战略、服务"三农"广阔市场，培养理想信念坚定，德、智、体、美、劳全面发展，具备良好的科学人文素养及创新创业意识，具有持续学习及追求卓越的专业品质，掌握农产品品牌建设、网络推广及电商运营等领域的知识技能，能够从事农产品品牌设计、农产品网络客服、农产品运营推广等相关工作的高素质复合型技术技能人才。产业学院毕业生应在素质、知识和能力方面达到以下要求：

（1）素质（Q）。

Q1：具有正确的世界观、人生观、价值观。

Q2：坚定拥护中国共产党领导和我国社会主义制度，在习近平新时代中国特色社会主义思想指引下，践行社会主义核心价值观，具有深厚的爱国情感和中华民族自豪感。

Q3：具有良好的职业道德、职业素养、法律意识。

Q4：崇尚宪法、遵纪守法、崇德向善、诚实守信、尊重生命，履行道德准则和行为规范，具有社会责任感和社会参与意识。

Q5：具有质量意识、环保意识、安全意识、信息素养、工匠精神和创新思维。尊重劳动、热爱劳动、具有较强的实践能力。

Q6：勇于奋斗、乐观向上，具有自我管理能力、职业生涯规划的意识，有较强的集体意识和团队合作精神。

Q7：具有健康的体魄、心理和健全的人格，掌握基本运动知识和一两项运动技能，养成良好的健身与卫生习惯、良好的行为习惯。

Q8：具有一定的审美和人文素养，能够形成一两项艺术特长或爱好。

Q9：具有"懂农业、爱农村、爱农民"，服务乡村全面振兴的使命感和责任感。

（2）知识（K）。

K1：掌握必备的思想政治理论、军事理论、科学文化基础知识和中华优秀传统文化知识。

K2：掌握与本专业相关的法律法规以及环境保护、安全消防等相关知识。

K3：掌握计算机应用、网络技术的基本理论，农村电子商务的基本理论以及新技术、新业态、新模式，创新创业相关知识。

K4：掌握互联网资料查询、调研及撰写调研报告的方法。

K5：掌握市场分析、消费者分析及营销策划的基本原理和方法。

K6：掌握农产品商品拍摄、农产品图形图像处理、农产品电商视觉营销和网络文案写作的方法。

K7：掌握网络客户服务相关知识、电子商务数据分析的知识。

K8：掌握文案素材收集方法、文案发布平台选择、效果跟踪和评估等知识。

K9：掌握主流农产品电子商务平台的运营规则和推广方式、新媒体营销的基本方法。

K10：掌握网络营销的基本逻辑，及农产品网络营销的各类方式。

K11：掌握网店运营规范与流程。

K12：掌握农村电商的发展现状、优秀案例，对农特产品有一定的认知。

（3）能力（A）。

A1：具有探究学习、终身学习、分析问题和解决问题的能力。

A2：具有良好的语言、文字表达能力和沟通能力。

A3：具有一定的创新、美学、数据、交互、互联网思维能力。

A4：能够熟练应用办公软件，进行文档排版、方案演示、简单的数据分析等。

A5：能够根据构图知识，制作突出商品卖点、提高用户关注度的视觉作品。

A6：具有网店设计和装修能力，能够根据农产品页面需求，进行页面设计、布局、美化和制作。

A7：能够根据企业营销目标，进行文案创意编辑、撰写和审核，并选择合适平台进行发布。

A8：能够进行网络销售，应对客户咨询、异议，处理客户投诉，进行客户个性化服务。

A9：能够对网店进行基础的运营管理，能够根据网店的推广目标，选择合理的网络推广方式，能够对网店运营进行系统规划，并运用数据分析的方式和手段对店铺运营进行诊断。

A10：能够通过电商平台对农产品进行品牌建设与销售推广。

课程体系设置如表7-2所示。

表7-2　课程体系结构

课程性质	课程类型	主要课程
思政课程	必修课程	思想道德修养与法律基础、毛泽东思想和中国特色社会主义理论体系概论、形势与政策、军事理论、安全教育、创新创业教育、劳动教育与实践、大学生心理健康教育、职业生涯规划、就业指导、美育课程、信息技术、音乐课程、中华优秀传统文化、德育素质主题活动
	选修课程	新四史、职业礼仪、演讲与口才、人工智能与信息社会、信息检索、创新思维训练、创业人生、个人理财规划、企业绿色管理、生态文明、物理与人类生活
专业课程	专业基础课程	农村电子商务基础、农产品市场营销、农产品图形图像处理、农产品品牌形象设计、农产品商品学、销售管理
	专业核心课程	网络客服与管理、文案策划与创意、农产品网络营销、农产品电商运营、农产品电商视觉设计、直播电商
	专业拓展课程	新媒体推广、电子商务岗位综合技能
	专业集中实践课程	企业管理ERP沙盘实训、市场营销实训、网店运营实训、农产品品牌形象设计实训、网络客服岗位实训、农产品电商运营实训、农产品电商视觉设计实训、直播电商实训
	专业选修课程	农业经济管理、企业管理、农产品品牌策划与推广、消费心理学、农产品移动商务运营、搜索引擎营销、短视频设计与制作、移动系统开发、农村电子商务物流、农产品供应链管理、农村电商项目实战、农产品采购管理

　　在培养模式上，针对学情分析，以学生为中心，以能力为本位，通过实施"三教"改革，融入课程思政，发挥价值引领的育人功能。按照"教学内容重构—教学关系转变—教学方式改革—教学评价多维"的课堂改革指导，通过"真实教学环境、真实教学内容、真实教学过程、真实教学要求"的流程重新设计项目式教学内容。以企业真实项目运营为主线，将知识传授、能力培养和品质塑造贯穿于课前、课中、课后。通过构建"自组织学习、共探究思考、真项目实践、多评价悟真"的四步骤递进式学生能力训练模式教学流程，依次推进课堂教学技能主线的实施。通过构建"行业大师、企业导师、学校名师"三位一体的师资队伍，提高授课水平，同时充分整合行业领域的社会网络关系，将产教融合和科教融汇落实落地。

7.4.2.2　共建高水平现代服务与乡村振兴岗位群

　　乡村振兴产业学院面向市场营销专业、电子商务专业、现代物流管理专业、商务数据分析与应用专业构建现代服务与乡村振兴专业群，专业群基于"服务京津冀及周边区域农村农业等相关产业、职业岗位互通；专业文化共融、职业素养共通；教学资源共享、技能基础相通"的逻辑构建。依托××有限责任公司"1+N"产业生态资源，深化专业内涵建设，打造校企命运共同体，主动调整专业结构，着力打造特色商贸类专业，推动专业集群式发展，以数字化、共享化、专业化、智能化为运行特征，赋能京津冀及周边区域进行乡村振兴，契合乡村产业高质量发展。专业群中的不同专业对应的职业岗位相互关联，这些职业岗位与乡村经济场景密切相关。在赋能乡村振兴背景下，电子商务专业岗位可以涉及农产品的线上销售、农村电商平台的建设与运营等；电子商务专业、商务数据分析与应用专业、市场营销专业岗位可以通过对农村经济数据的分析，为农村经济的发展提供指导；现代物流管理专业岗位可以在农产品的物流管理和配送方面提供支持。这些职业岗位互相联系、相互促进，共同推进乡村经济的发展。产业学院岗位面向如表7-3所示。

表7-3　产业学院岗位面向

岗位类型	岗位名称	岗位要求
目标岗位	农产品品牌设计师	1. 专业能力 （1）有较强的品牌设计经验，熟悉农产品类互联网产品，并能有所见解； （2）热爱设计，专注于平面设计、网页设计，善于观察身边事物； （3）具备扎实美术功底、优秀的造型与色彩能力； （4）有丰富的设计理论知识和对流行趋势敏锐的洞察力，对设计有独到的见解； （5）有良好的视觉把握能力，能熟练地操作各类设计软件，如 Photoshop 等 2. 职业素质 （1）精益求精、思维敏捷、良好的沟通表达能力和服务意识； （2）严谨务实、诚实守信、团队合作、开拓创新
	农产品网络客服专员	1. 专业能力 （1）目标客户识别与开发方法； （2）客户资料搜集及客户需求挖掘能力； （3）沟通能力； （4）异议处理及投诉处理能力； （5）打字速度快 2. 职业素质 （1）良好的服务意识和责任心，工作积极主动； （2）较强的团队协作能力，良好的沟通交流能力； （3）较强的分析和处理问题的能力

续表

岗位类型	岗位名称	岗位要求
目标岗位	农产品运营推广助理	1. 专业能力 (1) 较强的农产品品牌推广与传播能力，能提升产品品牌知名度，具有打造品牌形象的能力； (2) 具备深入了解产品、客户、市场，找准客户诉求，提炼产品卖点，并制定推广策略的能力； (3) 较强的经营管理和促销活动策划能力，具有优秀的营销技巧、较强的市场策划和营销能力； (4) 较强的网店运营能力，具有丰富的提高流量、提高用户体验、提高转化率、提高用户活跃度的经验； (5) 较强的数据分析能力，能找出店面问题并处理和提交方案，可以独立完成方案策划和设计 2. 职业素质 (1) 良好的沟通能力及团队协作能力，富有责任心； (2) 学习能力强
发展岗位	农产品品牌设计主管	1. 专业能力 (1) 根据公司品牌定位和行业特点，领悟公司整体品牌视觉设计风格，提出视觉设计思路； (2) 协助摄影部门拍摄照片和视频； (3) 能够进行线上店铺装修、产品详情页等基础页面、钻展、直通车等广告图的设计； (4) 建立并细化品牌视觉板块工作流程，协助公司其他部门相关工作的开展并提出建议 2. 职业素质 (1) 良好的服务意识和责任心，工作积极主动； (2) 较强的团队协作能力，良好的沟通交流能力
	农产品网络客服主管	1. 专业能力 (1) 接受客户咨询，记录客户咨询、投诉内容，按照相应流程给予客户反馈； (2) 能及时发现来电客户的需求及意见，并记录整理及汇报； (3) 落实服务质量的管理与改善跟进工作，提升顾客满意度； (4) 负责统一管理对外服务政策、项目与服务承诺 2. 职业素质 (1) 良好的服务意识和责任心，工作积极主动； (2) 较强的团队协作能力，良好的沟通交流能力

续表

岗位类型	岗位名称	岗位要求
发展岗位	农产品运营推广主管	1. 专业能力 （1）建立和维护品牌传播渠道，保障品牌建设及推广效果； （2）负责宣传文案、媒体文章的策划、撰写与发表，媒体广告策划、媒体选择、广告创意、广告投放； （3）配合组织和实施市场推广活动（如采访、拍摄、讲座、论坛、展会）；制定活动方案与预算，安排协调人员参与市场活动；负责市场推广活动效果评估与信息宣传； （4）负责推广渠道数据监控和反馈跟踪，对推广数据、用户行为等进行分析和挖掘，有针对性调整推广策略，提升推广质量； （5）通过各种前端技术手段，提高用户体验 2. 职业素质 （1）具有良好的分析判断能力和职业操守，以及良好的沟通、协调和语言表达能力； （2）爱岗敬业，抗压能力强； （3）良好的服务意识和责任心，工作积极主动； （4）较强的团队协作能力，良好的沟通交流能力
迁移岗位	新媒体电商直播	1. 专业能力 （1）负责直播业务整体运营工作； （2）根据公司战略制定业务运营规划，编写具体策划方案并组织和监督实施； （3）负责直播平台的内容建设，引导直播平台氛围、流量和影响力，有效运用转化直播盈利模式； （4）提炼、整理、包装有价值的优质内容，负责内容架构，组织策划热点话题，策划活动等 2. 职业素质 （1）良好的服务意识和责任心，工作积极主动； （2）较强的团队协作能力，良好的沟通交流能力
	品牌管理主管	1. 专业能力 （1）搭建品牌架构，确定企业品牌与产品品牌的定位； （2）制定年度品牌传播方案，管理传播中涉及的宣传、广告、媒介等费用； （3）制定品牌营销战略和品牌规划以及相应的计划实施方案； （4）提升品牌核心价值，实现品牌健康发展及品牌战略目标； （5）负责新品牌的命名、定位，确定品牌的核心价值观 2. 职业素质 （1）具有较强市场分析力、品牌感知力、大局判断力及综合管理能力； （2）具有创意思维，较强的团队协作能力，良好的沟通交流能力

7.4.2.3 课程资源建设

根据"底层共享、中层独立、高层互选"的基本原则构建乡村振兴专业群课程体系，底层课程群是针对专业群所有学生所必备的共同基础知识与技能而设置的"通识"课程群，重在夯实学生的基础素质和职业素质，属于必修课。通过文化渗透、精神培育、习惯养成、劳动教育、职业体悟等，养成"渔人"素质，有效支撑学生的专业化职业能力，满足学生未来职业生涯发展的需要。中层课程群是依据群内不同专业所涉及的职业岗位而设置，主体是专业核心课程，重在夯实学生社会能力和职业能力。通过多点合作、多元训导、多维培养使学生能在未来的工作中，当相同或相近的情景出现时，能直接胜任；当相关或相似的情景出现时，有迁移能力适应；当似曾相识的或陌生的情景出现时，有创新潜力适应。高层互选课程是专业群内可供各专业互选与共享的拓展课程，重在拓展学生职业生涯的可持续性发展和延展性发展，属于任选课。通过拔尖性的教育教学训导，使学生在学习"底层""中层"模块课程的基础上，进一步拓展就业创业宽度、提升职业能力和职业精神层级，也可以为满足学生升学考试需要而设置必要的课程。

在专业群基础课中实现底层共享，开设职业礼仪、演讲与口才、创新创业基础、人工智能应用基础、乡村振兴理论与实践、农村电子商务基础、农村市场营销基础、销售管理等课程。通过专业群的基础课程学习，学生要了解中国传统商务礼仪文化的基本特点，理解和掌握中国传统礼仪文化的基本精神和核心理念，理解和掌握西式商务礼仪文化的基本内容；了解口才训练的目标要求、层次与类型，理解和掌握语音基础知识，朗读、复述、演讲、交际等的要求与技巧；了解创业的基本内涵和创业活动的特殊性；科学地认知创业者、创业机会、创业资源、创业计划和创业项目；掌握开展创业活动所需要的基本知识；了解农村电商的内涵、现状和发展，掌握市场营销的基本概念及基本分析方法；了解人工智能发展前沿，认识人工智能技术的基本概念、发展历史、应用领域和对人类社会的深远影响；了解市场营销环境，消费者需求和购买行为；掌握市场细分、目标市场选择与市场定位基本知识；掌握市场营销 4P 策略；掌握典型农产品的基本特性、采摘、运输和销售过程中的技能；掌握网络营销的概念、理论；掌握销售方法的使用技巧；掌握日常销售管理的方法。

在基础技能水平和素质养成方面，学生要具有正确的"三观"、理想信念和对中国礼仪文化的热爱之情，能在适当的场合运用中、西方商务礼仪的规范顺利开展商务活动；具有良好的心理素质，具有敢于表现的勇气和自信、团队精神和合作精神，能运用所掌握的演讲与口才的一般规律、方法和技巧，不断提高演讲水平；具有科学的创业观，自觉遵循创业规律，积极投身创业实践，掌握创业资源整合与创业计划撰写的方法，熟悉新企业的开办流程与管理，具备基本的创办和管理企业的能力；能够适应人工智能与信息社会时代发展，利用人工智能与信息思维解决问题；树立职业道德，增强社会使命感，掌握农村电商相关政策法规及国内农村电商的产业布局；培养较强的市场分析、判断及决策、创新创意能力，较好的文字表达、沟通能力和团队合作精神；能对商品进行生产销售检验、保管与质量监控，确保农产品的质量。

整合各专业核心课，开发模块化课程，将工作内容转化为教学内容，使教学过程与工作过程对接，根据工作项目引领，开展教学实践。配套课程资源包、微课和在线资源，依托教学网络平台，学生可开展自我学习和碎片化学习。对接乡村产业相关职业岗位能力要求，对接职业资格、技能等级证书标准，结合创新创业能力，引导行业企业与院校共同开展新形态教材编制，校企合作建设一批高质量的财经商贸相关课程的课证融通教材，推动课程内容与行业标准、生产流程、项目开发等产业需求科学对接。

开设网络客服与管理、文案策划与创意、农产品网络营销、农产品电商运营、农产品电商视觉设计、直播电商等课程。通过学习，学生能够了解客户服务与管理的基本知识，掌握客户服务的基本流程、客户服务的技巧；掌握全面系统的文案策划与写作理论知识，以及各种类型文案写作的特色和方法；掌握网络营销市场定位的基本技能；熟悉网络营销平台规划及建设的基本流程；熟悉国内常用的电子商务平台，了解电商平台网店（站）运营的规范和流程以及常用的平台推广方式；了解农村电子商务中视觉创作与设计流程；熟知国内电商直播平台的规则和操作流程、电商直播转化技巧及促单方法，掌握电商直播方案执行规范与脚本撰写的方法以及电商直播数据效果分析方法。

学生要具备主动学习探索和创新的能力、良好的表达沟通及分析能力；掌握企业前台客户接待咨询、客户投诉处理、客户回访及大客户管理等一系列的措施和方法；具备自主学习能力、自我管理能力、沟通能力、组织协调能力、市场开拓意识、竞争意识和团队协作精神，能够挖掘企业特色和卖点，撰写创意类、编辑类、账号类、策划类文案等；具备较强的网络市场分析、判断及决策能力，将网络营销知识、工具和方法应用到农产品企业的网络推广创意与方案的编制中；具备市场开拓意识和敬业精神，能够进行店铺搭建、商品上下架、店铺基础运营，对店铺和客户数据进行分析，策划网店全年运营推广方案并组织实施；具备勤恳的工作态度及创新意识；具有一定的美学素养，能够进行产品图片的精修与更新，以及网络店铺的美化装修；能够根据产品特点及企业营销目标，选择合适的直播平台及矩阵；具备敏锐的市场分析能力、对消费者的洞察能力、综合分析和决策能力；具有对直播脚本进行创意撰写的能力、对直播活动进行策划推广的能力，能够塑造转化率高的直播场景并能够对直播效果进行分析及进行直播复盘。

在专业拓展课中开设新媒体推广、农业经济管理、企业管理、农产品品牌策划与推广、农产品移动商务运营、搜索引擎、营销短视频设计与制作、农村电子商务物流、农产品供应链管理、农产品采购管理等课程。通过学习，学生能够掌握新媒体营销基本概念和方法，熟悉微博、微信公众号、社群、直播网站、知识社区、微店等各类新媒体平台，掌握二维码、短链接、H5 等关键技术，能够开展内容策划、微信营销、粉丝推广以及微信公众号、小程序的推广与引流；了解农业成本与效益的基本范畴，掌握农业经济核算的基本原理，在此基础上进行农业成本、资金和盈利核算，理解农业经济效益评价的基本原理，掌握农业经济效益评价指标体系；掌握中小型企业连锁经营的基本工作内容及中小型企业管理的一般工作流程；了解品牌设计、策划、推广、维护的知识；熟悉主流新媒体平台账号的运营机制，掌握新媒体平台账号的设置方法，能策划与实施营销活动，熟悉掌握新媒体平台账号的推广技巧，了解新媒体平台账号运营能力需求清单、提升自己能力的方法，能够运用新媒体交易平台进行商务活动；掌握网站推广方法与技巧，了解网络信息资源管理与分布，掌握排名技术；掌握创意短片制作的基本理论、策划流程和制作技巧；掌握物流相关知识和基本技能，具备实际物流操作能力、利用现代科学方法进行运输组织系统管理的能力；了解供应链基础理论；掌握供应链管理方法，及基于工作过程的 3 种供应链管理方式；了解采购业发展现状，国外先进的采购理念、技术和管理思想；掌握采购管理的基础理论、采购组织和管理的技术与操作规程、采购业务中的谈判和风险控制及绩效评估技巧。

学生能够具备传播新媒体营销文化和移动互联网创业的意识，热爱专业，树立远大理想，恪守新闻传播道德与规范，锻炼和培养踏实认真、求实奋进等基本素质，具备独立从事新媒体内容策划、新媒体营销和新媒体平台引流的能力，具备新媒体领域创新创业的基本条件；提升归纳和分析农业经济核算与效益评价相关数据的能力，用农业经济核算基本原理进行农业成本、资金、盈利核算的能力，借助农业经济效益评价指标体系并运用相关评价方法进行农业经济效益评价的能力；具备合作意识以及沟通表达能力，能够根据品牌实际，规划以品牌核心价值为中心的品牌识别系统；能够通过有效的搜索引擎优化管理推广企业；具备吃苦耐劳的精神，能进行物流基本操作、开展物流经营业务以及利用现代科学方法进行系统管理，能够组织网络招投标。

7.4.3 完善乡村振兴产业学院培育功能

依托职教集团的"1+N"产业生态资源，基于产业发展和创新需求，校企共建功能集约、开放共享、特色鲜明、高效运行，集乡村振兴技能型人才培养基地、创新创业基地、社会化服务基地为一体的具有辐射引领作用的产教融合实训基地、师资培训基地和智库中心。

7.4.3.1 完善实训基地功能

基地的实训功能区主要包括数字商贸实训中心、创新项目孵化中心和社会化服务中心。

数字商贸实训中心：负责直播电商平台的研究与实践，培养学生的直播电商能力，包括直播策划、直播技能、营销技能等。提供直播电商实践环境，包括直播间搭建、产品拍摄、场景布置等。负责短视频平台的研究与实践，培养学生的短视频制作和运营能力，包括剪辑技能、拍摄技能、内容策划、运营推广等。提供短视频制作和运营实践环境，包括短视频制作设备、后期制作软件、短视频平台账号等。负责商务数据的收集、整理、分析和应用，培养学生的商务数据分析能力，包括数据收集技能、数据处理技能、数据可视化技能、数据应用技能等。

提供商务数据分析实践环境，包括数据分析工具、数据库、案例分析等。数字商贸实训中心负责电商平台店铺运营与推广的研究与实践，旨在培养学生在电商领域的专业能力。学生将学习电商平台店铺的开设、产品上架、商品推广、客户服务等关键要素，掌握电商运营策略和推广技巧。实训中心将提供电商平台店铺运营与推广的实践环境，包括电商平台操作培训、店铺模拟运营和推广活动的实践机会。同时培养学生在农产品物流领域的专业能力，学生将学习农产品物流的运输、仓储、配送等环节，了解农产品冷链物流、供应链管理等关键知识和技能。实训中心将提供农产品物流运营与管理的实践环境，包括物流管理软件、仓储设备、配送网络等实际操作和案例分析的机会。

创新项目孵化中心：负责创新项目的孵化和培育，包括项目立项、商业模式设计、市场调研、融资申请等。同时提供创新项目孵化和培育的实践环境，包括项目洽谈区、投融资资源整合、导师指导等。其职责涵盖了从科研到人才培养，再到社区服务的多个方面，旨在为乡村振兴提供全方位的支持，通过这些活动，孵化中心能够帮助乡村实现经济发展、技术进步和人才培养，推动乡村产业结构优化，提高经济效益和综合竞争力，进而推动社会的全面进步。中心充分发挥高校在基础研究和技术创新中的作用，提高自主创新水平，引领农业科技进步，为乡村振兴提供科技支撑。中心进行学科交叉融合创新，促进信息技术、生物技术等与农业发展的交叉融合，带动农业向绿色、智能发展方向迈进。中心提供技术支持与成果供给，依托学校的专业知识、科技成果、智力资源和人才优势，为乡村产业发展提供技术支持。围绕"乡村振兴"理念，升级渠道、产业、服务、机制和队伍，支持新农人以新思维、新技术进行创新创业活动。

社会化服务中心：依托乡村振兴产业学院，面向基层干部、新型职业农民、农村技能人员等，开展乡村实用人才培训、新型农业经营主体培训、乡村电商人才培训等，培养出一大批高素质的基层组织引路人、产业发展推动人、乡风文明传承人和农业科技推广人，打造懂农业、爱农村、爱农民的人才队伍。通过上述分工，乡村振兴产业学院可以为学生提供全方位、深度的实践性培养，同时也可以为产教融合、社会化服务提供更为完善的支持。

7.4.3.2　共建高水平双师型教师团队

依托乡村振兴产业学院，探索校企人才双向流动机制。组织专任教师分阶段下企业，接受企业组织的技能培训，承担实际项目开发。采取"师带徒"模式，通过生产现场考察观摩、小组研讨、技能培训、上岗操作及演练，参与项目实施和技术改造等。将产业学院作为教师培养培训基地，鼓励专任教师利用寒暑假等空闲时间进驻教师培养基地开展实际业务，专业教师可以拓宽眼界，了解行业、专业的发展动态和产业需求的新方向，增强实践教学能力，提高实践技能和职业性。"双师型"教师也可以用新的科研成果和技术来反哺教学，促进学生创新能力的提高，从而实现产业链、创新链和人才链的常态融合。与此同时，企业也可以派产业教授即兼职教师入驻教师培养基地，深入了解学校的人才培养过程并积极参与学校的实践教学。

基地可以开展校企导师联合授课、联合指导活动。加强教师培训，充分使用新的信息技术，如使用 MOOC、SPOC 平台等，构建适合不同专业的"双师型"教师培训计划和课程体系；也可以使用 VR 等信息技术，让教师能够身临其境地体验各种岗位的实践环境和实践技术；还可以利用大数据和人工智能分析工具，有针对性地为每位教师做出行之有效的数据分析，为教师的个性化教学提供帮助。基地还可以组织线上线下相结合的师资交流和研讨等活动。

建立教师激励制度，调动教师的积极性与创造性，逐步完善"双师型"教师实践进修和培训制度，制定"双师型"教师考核激励制度。同时，在教师职称评审、评优时向"双师型"教师倾斜，激发"双师型"教师的内生动力，促进教师素质的提升。组建高端技术创新团队，培育专业领军人才，打造一支"双师双能型"的骨干教师团队，实现基地发展、产业发展与教师自身发展的统一。

7.4.3.3　建设乡村振兴高端智库

联合企业专家、乡村振兴领域专家、其他高校专家学者共同组建"乡村振兴战略智库"。立足京津冀地区、辐射中国北方，紧紧围绕国家乡村振兴战略和行动计划，开展前瞻性、针对性、储备性政策研究，提出专业化、建设性、切实管用的政策建议，着力提高综合研判和战略谋划能力，为服务国家发展战略和乡村振兴实践提供高质量智库成果。

建立"乡村振兴战略智库"或区域性的乡村振兴产教融合联盟，与国家乡村振兴重点帮扶县教育人才"组团式"帮扶工作专家顾问委员会共同推动智库建设，邀请国内外相关领域知名专家学者加盟，提升智库研究水平和影响力。着力推动学术研究、决策咨询、规划设计、开发建设、管理服务等工作，与合作乡镇有关部门合作，每年发布该地区的《乡村发展报告》。

打造京津冀地区"职业院校赋能乡村振兴主题论坛"，整合京津冀地区学术资源、智力资源和社会资本，打造集学习交流、经验分享、理论研讨、模式推广为一体的智库平台，旨在深入学习贯彻习近平新时代中国特色社会主义思想，全面贯彻落实乡村振兴战略，推动农业农村高质量发展。

7.5 结束语

随着大批青年返乡从事农村电商活动，农村电商创业的主体逐步成为以20~29岁为主的青年群体，他们的学历主要集中在初中和高中阶段，没有受过专业的、系统的电子商务相关知识和技能的培训，大部分人都是在干中学，不利于创业企业的长远发展。因此，职业教育有必要发挥其产教融合的办学特色以及丰富实用的实训实践设施设备，加强对返乡青年的培训和创业资源的整合。天津的职业教育有行业发展的天然优势，离产业最近，可以有效引导政府部门、涉农企业、涉农区域深入协作，形成农业发展产教共同体，做到真正的多方联动。同时成立乡村振兴产业学院，创新人才培养模式，建立产教融合型课程体系，规划开发活页式、工作手册式的教材和校企模块化课程，打造校内外真实企业工作环境，实施现代学徒制，为在校生提供实践机会和技能培训，同时探索服务中心的实体运营，开展技术研发和培训等相关工作，为返乡青年提供更多实践机会和职业发展支持。

8 新质生产力理念下职业教育培养新型创业者的实践机理

习近平总书记明确提出"新质生产力"的概念,指出新质生产力是创新起主导作用,摆脱传统经济增长方式、生产力发展路径,具有高科技、高效能、高质量特征,符合新发展理念的先进生产力质态。它由技术革命性突破、生产要素创新性配置、产业深度转型升级而催生,以劳动者、劳动资料、劳动对象及其优化组合的跃升为基本内涵,以全要素生产率大幅提升为核心标志,特点是创新,关键在质优,本质是先进生产力。这一重要论述不仅为高质量发展实践提供了科学指引,也为职业教育改革指明了方向,新质生产力的发展对人才的需求在不断提高,要求职业教育必须跟上时代步伐,扩展新产业领域的就业空间,增强社会适应性与创新性。

职业教育作为科技创新与产业发展的催化剂,通过构建与新质生产力相适应的育训体系,引导创业者树立终身学习观念,增强自我完善与创新能力。针对先进制造、信息技术、绿色能源等重点培养方向,职业教育要深化与企业的产学研合作,形成校企共建共育的新模式,确保教育资源与生产实际紧密相连,提升人才培养质量。在这样的导向下,职业教育与新质生产力形成有机耦合,共同勾勒出面向未来的可持续发展战略。

8.1　新质生产力的内涵

生产力是人类创造新财富的能力，包括劳动者、劳动资料和劳动对象等要素，和传统生产力相比，新质生产力不仅体现了生产力的量变，更代表了生产力的质变。其内涵在于通过信息技术、大数据、人工智能等尖端科技手段，整合创新资源，促进产业升级与结构优化，从而加速传统产业的转型及新兴产业的孵化，确保经济增长的质与量并重。新质生产力的出现，标志着生产模式的重大转变，工业自动化、数字化及智能化日益成为影响经济发展的主要因素，其核心在于以创新为驱动力，以价值提升为目标，形成新的劳动者技能构成和生产组织方式。在这一过程中，职业教育的作用不容忽视，它通过培养创新型技能人才，为新质生产力提供不竭动力，支撑经济可持续发展。

和传统生产力相比，新质生产力是发展中国家在中高收入阶段经济发展重心转移之后的新要求、新方向和新理念。我国已经全面建成小康社会，经济已由高速增长阶段转向高质量发展阶段，生产要素状况发生了较大的变化，劳动力不再丰裕，资本不再稀缺，技术模仿带来不了实质性的进步，因此，新质生产力和传统生产力相比具有明显的时代特征。

首先，要在战略性新兴产业和未来产业上寻找突破，在原本不具备比较优势的高科技产业领域发现并确立新的比较优势，形成经济增长新动力，塑造国际竞争新优势。因此，新质生产力是高效能的生产力。

其次，注重科技自主创新，新质生产力所需要的自主创新并非一般的技术创新，更多的是前沿性、原创性、颠覆性且对经济增长具有重大推动作用的科技创新，能够和发达国家在发展前沿展开竞争。因此，新质生产力是高科技的生产力。

最后，新质生产力主张实现国民经济的均衡发展，促进新供给与新需求高水平动态平衡。基于新质生产力形成的新供给，能够提供更多高品质、高性能、高可靠性、高安全性、高环保性的产品和服务，更好满足和创造有效需求，而新需求又会牵引和激发新供给，撬动生产力跃升。因此，新质生产力是高质量的生产力（见图8-1）。

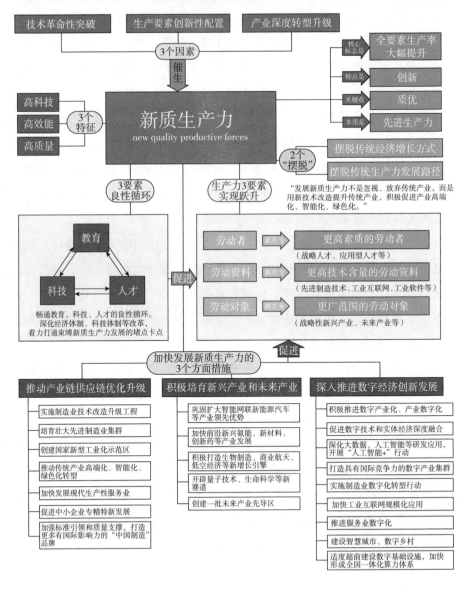

图8-1 新质生产力逻辑关系

8.2 新型创业者的时代特征

8.2.1 新型创业者的画像特征

青年创业者成为主流，特别是 30 岁以下的年轻人。其中，"Z 世代"人群占比超过 16%，男性创业者数量明显高于女性，占比高达 78.17%。超过 74% 的创业者接受过系统的高等教育，以工学、管理学、理学及经济学教育背景的创业者人数为多。

在创业行业的分布中，消费互联网行业受到众多创业者的青睐，尤其是以消费娱乐为代表的领域。随着年龄的增长，创业者更多聚焦于专业服务与前沿科技赛道，大多数创业者集中在一线城市等信息资源丰富、科学技术先进的地区。启动资金多数在 50 万元以下，主要来源于个人或家庭，而非第三方风险投资，其中，人员开支和研发支出是创业公司最主要的投入。ToB 模式企业更重视技术及产品研发类投入，而 ToC 模式企业更注重市场拓展。

新型创业者对数字化时代的适应性很强，积极探索新场景，挖掘新需求，并在宏观政策引导下，持续关注和应用前沿技术。他们具有全球化视野，擅长利用全球化的信息和渠道，不惧怕信息差，并聚焦于自己的"长板"。他们倾向于"先干再说"，不惧怕犯错和挑战，通过快速迭代和组织扁平化来修正认知。

这一代创业者有一种向上的集体认同感，希望见证并参与中国品牌的诞生和成长。新型创业者的心态比较乐观，即使在高强度工作环境下常有焦虑情绪，但也能通过不断学习和自我调节来舒缓；尽管具有心理压力，但同时也能感受到成就感和幸福感。新型创业者的动机多样，包括追求理想生活方式、解决就业问题、追求财富和名誉等。

8.2.2　新型创业者面临的挑战

以上特征描绘了新型创业者的群体画像，反映了他们的时代特性和发展需求，他们更能够适应新时代的发展，在新质生产力的变革中快速找准机会，持续创新。但是他们同样会面临比较大的挑战和困难，例如，由于缺乏实际的社会和商业经验，新型创业者可能在市场分析、财务规划、团队管理和营销策略等方面存在知识与经验的不足；在某些高科技领域创业，需要较专业的技术知识和技能，对于不具备相关背景的创业者来说，打破技术壁垒是一个挑战，尤其是与已建立品牌的对手的竞争是非常激烈的，而且跨越市场壁垒也是一大难题；理解和遵守相关政策法规也是创业过程中的一个难点；必要的人脉、市场渠道、技术支持等资源对于刚走出校门的大学生来说较难获得。在快速变化的市场中，持续创新是企业生存和发展的关键，新型创业者需要不断创新以保持竞争力，这就需要持续学习新知识、新技能，以适应不断变化的商业环境。

8.2.3　职业教育在新型创业者培养中的优势

职业教育不断改革创新，构建起与市场需求相适应的教育体系，包括中高职专科、职业本科等多层次教育，为不同层次的创业者提供教育支持。职业教育注重实践能力的培养，通过专业技能训练，使创业者掌握特定职业或岗位所需的技术技能，为创业提供必要的技术支撑。职业教育与企业紧密合作，打造现代学徒制和产教融合型城市试点，建立政府、行业、企业共同参与的办学模式，为创业者提供实战经验。职业教育注重提升教师的创业教育能力，通过创业导师制等方式，强化对学生创新创业的指导，通过"专创融合"的人才培养模式，深化创新创业教育与专业教育的结合。因此，职业教育在培养新型创业者方面发挥着多方面的作用，不仅为创业者提供了必要的技能和知识，还通过各种教育改革和实践活动，激发和培养学生的创业精神和创新能力。

8.3 新质生产力与职业教育发展耦合的内在逻辑和现实挑战

8.3.1 新质生产力与职业教育发展耦合的内在逻辑

8.3.1.1 产业升级是新质生产力与职业教育耦合的必然要求

产业是生产力变革的具体表现形式，主导产业和支柱产业持续迭代升级是生产力跃迁的重要支撑。随着我国步入社会主义现代化国家新征程，更多资源要素将会被配置到战略性新兴产业和未来产业中，催生出新农业、新制造业以及新服务业，新质生产力代表着更高效、更智能、更环保的产业特征和生产方式，这些新的生产方式需要大量具备相应技能和知识的人才来支撑。

职业教育作为推动社会经济进步的关键因素，在经济转型升级中的角色愈加凸显。产业升级是职业教育与新质生产力之间耦合的内在要求，在制造业高端化、服务业智能化、农业现代化，以及数字经济的强劲崛起背景下，职业教育应当构建起与产业发展同步的人才培养模式，培养一线生产力和服务力量，筑牢新质生产力的人才基石。通过紧密结合产业特点及前沿技术发展，加强工科教育与企业技术需求的即时对接，如设置智能制造、大数据分析与云计算等课程，使创业者能够在学习过程中掌握这些新兴产业所需要的关键技能。通过对接企业需求，精准定位专业课程，实施与产业发展同步的人才培养计划，如针对新能源汽车、云计算服务、绿色建材等新兴产业，定制相应的课程和实训环节，确保毕业生能够迅速投入到产业链的各个环节中。统筹考虑创业者发展、社会需求与产业升级，必然是职业教育实现与产业同步发展，最终赋能新质生产力目标的基石。

8.3.1.2 技术创新是新质生产力与职业教育耦合的核心目标

更高技术含量的劳动资料是新质生产力的动力源泉，新一代信息技术和先进制造业技术的发展催生了更加智能化的新型生产工具，只有不断整合科技创新资源，加强自主研发，大力推广应用数字化、网络化、智能化生产工具，实现劳动资料的迭代升级，才能够促进新质生产力的发展。

党的二十大报告中明确提出科教融汇的概念，职业教育作为与产业结合最为密切的教育类型，肩负着助推"中国制造"走向"优质制造"和"精品制造"的历史职责。职业教育需要承担部分技术研发的责任，在人才培养过程中，努力实现科技转化的使命，助推技术创新。同时，职业教育通过培养大量的熟工巧匠，保证技术创新人才的供给。因此，在新质生产力与职业教育发展耦合的内在逻辑中，技术创新无疑是一个枢纽，它既是新质生产力发展的驱动因素，又是职业教育根本性的目标导向。

8.3.1.3 教育改革是新质生产力与职业教育耦合的深层动力

新质生产力对劳动者的知识和技能提出更高要求，发展新质生产力，需要有具备多维知识结构、熟练掌握新型生产工具的复合型、创新型、智能型人才，从而引发教育内容的重组和教学方式的变革。

职业教育是与经济社会发展紧密相连的一种教育类型，是培养产业工人队伍的重要方式，开展和新质生产力适配的教育改革，不只是为了完成知识和技能的传递，更是为了促进经济结构调整和产业升级。这一耦合过程需要职业教育精准识别和对接新质生产力的核心需求，搭建一个能够适应快速变化的技术创新和产业发展趋势的灵活教学体系，通过推动课程标准、教学内容、师资培养与产业发展相适配，极大缩小了学校教育内容与企业职场需求间的差距。研究表明，职业教育制度不断优化、专业结构布局紧跟产业变革、教育教学模式持续创新，有助于加速新技术的普及和应用，从而驱动新质生产力的形成和发展。教育改革应当聚焦于对未来产业需求的预测分析，采用人工智能、大数据等创新技术手段，针对性地设计和优化培训项目，注重培养创业者的创新意识、创新思维和创新能力，激发创业者的创新潜能，缩短技能人才培养周期，增强其市场竞争力，为新质生产力发展提供源源不断的人才支持。

8.3.2 职业教育赋能新质生产力的现实挑战

8.3.2.1 急需更新适应新质生产力的育人理念

在全球生产力格局深刻调整、经济转型升级的关键节点，职业教育对新质生产力的培育和释放具有至关重要的作用。面临着工业4.0和智能制造的浪潮席卷，职业教育迫切需要更新观念，建立起与新质生产力相适应的育人模式，这不仅是职业教育自身发展的客观需求，更是服务于经济社会发展大局的使命所在。新质生产力所需的复合型、创新型人才，要求职业教育打破传统学科界限，推动专业知识与技能、通识与专业融合，培养创业者的创新意识和实践能力。因此，职业教育的核心不再只是传授固定的知识和技能，还要激发创业者的学习潜力和创新能力，引导其适应日新月异的工作环境，具备终身学习的能力。这就对高职教育的师资队伍提出新的要求，教师团队需要不断积累自身的产业经验和提升实践能力，既要教授专业知识，又要具备引导创业者进行思维创新和实践操作的能力，打造具有产业背景的教学案例，通过案例教学连接理论与实践，对接产业发展的前沿技术和趋势。

8.3.2.2 急需改善职业教育人才培养与产业发展"供需错位"的问题

当前职业教育与产业发展间存在显著的"供需错位"，即教育输出的人才与经济社会发展的实际需求不相匹配，这一错位问题直接影响了新质生产力的培育与发展。尤其是在现代职业教育中，当市场对特定行业的技术技能人才的需求旺盛时，职业院校往往不能及时调整教学计划与课程内容，导致毕业生的专业技能与企业实际需要存在偏差。此外，教育组织与企业间的信息沟通不畅，加大了人才培养目标与市场需求同步的难度。根据调查，超过60%的企业表示难以在毕业生中找到符合岗位需求的人才，这在一定程度上加剧了技能人才的短缺问题。职业教育体系中的知识传授与实践操作相分离，造成创业者实操能力偏弱的问题尤为突出，从而无法支撑起新质生产力所依赖的各类技术创新及其应用。

职业教育的一个重要目标是培育出能够适应新技术要求并在新兴行业领域内发光发热的技能型人才，以满足市场不断变化的需求。实现这一目标，需要职业教育与时俱进，将创新思维和跨学科能力融入技能培养中。这也意味着职业教育课程体系不仅要有深厚的技术理论基础，还应加强应用型、实验型教学环节，提升创业者解决实际问题的能力。目前，职业教育改革的推进相对落后于产业的快速迭代，尚未完全摆脱传统的供给逻辑。跳出原有框架，构建更加灵活多变的教育模式，正是赋能新质生产力不可或缺的一个环节。

8.3.2.3 急需培养能够创造新质生产力的劳动者

在新质生产力的崛起与经济高效发展的背景下，职业教育面临着重要的挑战，需培养出既具备专业技能又能够创新的劳动者，以满足新质生产力的需求。当前，我国职业教育在促进劳动者转型与升级方面仍存不足，尚未形成与新质生产力相匹配的人才培养体系。在工业 4.0 时代中，制造业智能化、信息化迫切要求职业教育制定出与时俱进的课程内容和培训方式，确保劳动者的技能可以适应快速变化的生产需求。同时，数字化浪潮下企业对数据分析、云计算及人工智能等相关领域人才的需求日益增长，职业教育作为人才培养的重要基地，势必要改革传统的教学模式与教育观念，积极融入新技术，创新教育体系与培训机制。在实践中，职业院校应通过引进企业先进技术和工艺设备，构建真实的生产环境，让创业者在实训过程中深化对新技术的理解与应用，有效激发创业者的创新思维与解决问题的能力。此外，职业教育还应注重非认知技能与素质的培养，如沟通协调能力、团队合作精神以及终身学习的态度，这些对于新质生产力下的劳动者来说同样不可或缺。

8.4 职业教育培养新型创业者的实践机理

8.4.1 深化产教融合，赋能产业升级

职业教育作为新产业发展的重要支撑，其供给侧结构性改革正处于深化发展的关键时期，面对经济社会需求的精准对接与新技术革命的冲击，职业教育的专业设置、教学内容、实训模式等均需以新产业为核心，实现动态优化与创新升级。其中，新产业所倚重的核心技能集和知识体系，已成为衡量职业教育调整方向与深度的主要标准。在此过程中，产教融合是促进教育资源与产业需求对接的桥梁。要深化政府、行业和企业参与教育实践的范围与程度，形成共同培育适应新产业发展的技术技能人才的长效机制。

8.4.1.1 以产业升级为导向，优化专业结构

专业设置要与产业需求同步，动态调整教育内容，提升实践教学与企业合作的深度、广度。根据已有的教学资源和建设基础，加大新能源、智能制造、信息

技术等战略性新兴产业领域的专业（方向）开设力度，同时厚植工匠精神，引入信息化和智能化教育元素，升级传统的优势专业，如数控加工、现代物流、先进装备制造等，以满足产业革命对高技能人才的紧迫需求。此外，通过构建高质量的实习实训基地，提供校企合作平台，使创业者能在实际产业环境中快速提升实践技能和创新能力。

8.4.1.2 以满足企业用人需求为核心，改革教学内容

综合考虑行业领先企业对专业技术人才的具体需求，通过搭建跨界合作平台，引入企业真实项目，对接教育资源，将企业需求前瞻性地融入专业设置流程中，通过大数据分析工具，收集职业岗位需求的动态信息，调整教学计划，确保教育内容与企业需求同步。同时，针对企业的数字化转型需求，注重跨学科融合与综合素养提升，可以增设工科教育跨学科模块，如将数学模型、计算机编程、系统工程等基础课程与行业相关的技能训练相结合，确保创业者能够通晓技术本质，深入理解新技术背后的逻辑和原理；可以将人工智能、大数据分析等现代信息技术与专业课程相结合，形成互补并促进创业者综合素质的提升，以适应社会经济快速变革对新技能的要求。

8.4.1.3 以共同体建设为抓手，深化职业教育产教融合

《关于深化现代职业教育体系建设改革的意见》明确提出要建设主体多元、利益互融、层次高端、功能多样的产科教平台，这是建设现代职教体系的坚实基础，职业院校要以此为契机，从扩大有效供给入手，建立不同层次、不同功能的产教联合组织，彻底改变产教融合"两张皮"的现象，让校企双方都"热"起来。在以地方政府为主导的市域产教联合体中，职业院校专业结构要对接市域产业结构体系，和市域企业（或产业园区）加强在人才培养、师资队伍、技术创新等方面的合作，培养"下得去、用得好、留得住"的高素质技术技能人才。在以行业为主导的行业产教融合共同体中，职业院校要面向区域主导产业，聚焦区域优势，和龙头企业共同开展创新性的新技术、新工艺研发，协同培养高层次技能人才。在以企业为主导的企业产教平台中，职业院校要对接企业需求和人才培养特点，一方面以职教集团、产业学院、厂中校等形式参与企业实践中心建设；另一方面在校内建设企业生产实践项目实训中心，开展多元化合作。通过产教深度融合，职业教育供给侧结构性改革将成为加快培养应对新产业挑战的技能

型人才的重要途径，为新质生产力的激发提供坚实的知识技术基础和创新思维来源。

8.4.2 开展"有组织科研"，赋能技术创新

截至 2023 年 6 月，全国共有 3072 所高等学校，其中，高等职业教育院校共 1545 所，占比达到一半，因此，职业教育的科学研究能力和科技转化效果直接影响到全国高等教育的整体水平。2022 年 8 月，教育部针对高校科技创新存在的"有组织体系化布局不足""对国家重大战略需求支撑不够"等突出问题，印发了《关于加强高校有组织科研 推动高水平自立自强的若干意见》，提出高校要强化有组织科研，更好服务国家安全和经济社会发展面临的现实问题和紧迫需求。高等职业教育作为和产业前沿联系最为紧密的类型教育，服务国家产业战略调整和区域产业技术创新是责任和使命，也是实施"有组织科研"的主攻方向，通过聚集行业能手、工匠技师、学校专家、企业领军人物等研究团队，共克技术技能难题，为新质生产力的推进提供技术支撑。

8.4.2.1 组织多元化的研究团队

"有组织科研"要求由原来的单打独斗、各自为政式科研状态转变为相互补充、优势集中的集群式科研。在新一轮工业革命大背景下，职业教育要尽快适应产业结构的调整，为战略性新兴产业和未来产业提供人力和智力支持，就必须加强"产学研政企"的合作，把技能大师、大国工匠、行业能手、企业管理人员、知名专家、科研骨干等多方力量集中起来，共同组建产教融合、科教融汇攻关大平台，实现知识体系的交叉和创新思维的碰撞。

8.4.2.2 整合跨界化的研究内容

"有组织科研"不是"想研究什么就研究什么""能研究什么就研究什么"，而是要转变为"国家需要我研究什么，我就研究什么"，这就要求职业院校的科研要有"大服务"理念，推动多方资源的共建共享共用。在新产业面前，传统单一的专业知识是无法解决新问题的，因此，跨专业、跨系部、跨院校，甚至是跨行业开展资源共享是研究的基础，通过跨界整合，可以实现科研技术、工作场地、实验设备等资源的最优配置。

8.4.2.3 开展系统化的研究管理

"有组织科研"创新的必要条件是科学的研究组织架构和健全的科研管理体系。职业院校可以成立科研管理部门，对研究项目按照立项、进度、评价等流程进行管理，同时按照任务目标和绩效指标对资源进行合理配置，确保项目进展顺利并高质量完成。为教师和企业开展科研合作搭建交流平台，制定相应的机制保障，鼓励教师和企业深度合作开展应用导向型科研项目。建立科研资源共享平台，整合数据库、实验设备等各方资源，供科研团队使用。

8.4.2.4 重视应用化的研究成果

职业院校的"有组织科研"区别于传统式科研，它不再是对本科院校、科研院等机构的模仿式、依附式科研，而是要依据职业教育的类型定位做特色科研，是针对建设产业强国过程中的重大技术技能问题开展学术性和技能性并重的研究，更强调实践导向和应用价值。因此，职业院校的科研项目要围绕产业关键技术和共性问题开展创新，最后的科研成果要拿到企业中去检验，看看是否解决了技术难题、完成了技术改造与升级。

8.4.3 加强教育教学数字化建设，赋能新型劳动力培养

在全球经济结构转型和技术革命的推进过程中，职业教育在培养新型劳动者方面扮演着重要角色。新技术的采纳与应用要求劳动者不仅具备传统的技能和知识，还必须适应新兴产业的挑战、拥有更强的创新能力和批判性思维。在此背景下，职业教育系统必须以信息技术为手段，深化改革，为新质生产力的发展提供坚实的人才支撑。

8.4.3.1 重构职业教育人才培养模式

数字化时代要求职业教育的人才培养必须充分融合工业 4.0 时代的核心技术，如物联网、大数据分析、机器学习和人工智能。在教学模式上，推动以项目为导向的模式变革，强化创业者的实战经验，打造智慧教学场景，通过课堂教学可视化、校企双师远程互动化、工学交替在线化、后台数据监测实时化，对接企业真实生产实践，推动学校人才培养与企业生产经营的场景共用、资源共建与数据共享。在教学内容上，企业生产场景的数字化改造，丰富了典型性工作任务的内容，"岗课赛证融通"进一步落实到人才培养方案和课程体系中，有利于创业

者对行业、企业、专业形成贯通性认知。在教学手段上，数字技术推进了国家职业教育专业资源库的建设和在线精品课程的开发，完善的数字教材资源、视频资源、实训操作指南、微课等内容，可以促使创业者实现深层次学习，进而提升创业者的职业技能和创新素质。而且，学习平台的大数据分析也为创业者提供了掌握数据驱动决策关键能力的支撑，使他们具备在复杂系统环境中进行优化和提升运营效率的潜力。

8.4.3.2 深入推进数字化领域的校企协同培养

主动适应国家数字化经济建设需求，加强和数字化领域行业企业的合作，探索高层次高技能人才的培养路径。职业院校在教学过程中强化数字化技术实践，同步更新企业使用的软件和工具，保证创业者的技能培养与市场需求同步对接。数字化领域的企业也要为创业者提供更多的机会去参与科技创新、项目实践等，培养创业者的创新精神和实践能力，提高创业者的数字化综合素质。通过校企联合，教学内容契合产业和企业的需求，使人才培养与未来数字化职业的发展相适应。

8.4.3.3 提升教师队伍数字化素养

培养新型劳动者也需要教育者本身具备数字技术领域前沿知识和教学能力，这就要求职业院校的师资队伍进行持续的学习，以保证教学内容的现代化和先进性。教师要深入企业实践，了解行业的数字化动态，学习企业的数字化应用工具，并转换为教学的实践项目，与教学内容整合开展课堂改革。同时，要鼓励教师与行业专家紧密合作，进行交叉学科研究，通过专业认证、工作坊和在线开放课程等方式，不断提升数字化教育教学水平。

8.4.4 以"三新"改革为目标，改善职业教育育人大环境

8.4.4.1 以新发展为导向，提升职业教育的适应性

随着经济全球化和技术革新的加速发展，推动新质生产力发展成为我国经济转型升级的核心动力。在此背景下，有效激发职业教育的潜能来赋能新质生产力尤为关键。职业教育在新质生产力中的作用，不仅在于为产业升级提供必要的技术技能，更重要的是，通过教育模式的创新来适应新经济对人才的需求，形成与新质生产力发展相适应的专业结构和人才培养体系。

在对产业结构变化特征及技术革新趋势进行深入分析的基础上，建议职业教育在专业设置上进行战略性调整。职业院校应加大新能源、智能制造、智慧农业等专业的开设力度，重塑传统专业，以满足新时代对人才的紧迫需求。

在课程体系构建方面，应立足于核心技能的培养与创新能力的激发。职业教育要从知识与技能的传授，转变为问题解决与创新实践的引领。为此，要推动以项目为导向的教学模式变革，强化创业者的实战经验。课程内容应贴近产业发展前沿，注重跨学科融合与综合素养的提升。例如，可将人工智能、大数据分析等现代信息技术与专业课程相结合。

在人才培养模式方面，职业教育需要从单一的技能训练转变为综合职业素养的提升。通过采取现代学徒制、工学结合、学分制银行建设等多元化的教育模式，为创业者提供灵活多样的学习途径，拓宽其职业发展空间。同时，营造开放、协同的学习环境，鼓励创业者积极探索多领域交叉融合的新路径。这种教育模式的转变，有助于培育创业者适应经济、科技快速发展的能力。

在提高职业教育适应新质生产力的具体策略方面，强调专业设置与产业需求同步，动态调整教育内容，提升实践教学与企业合作的深度、广度。在探讨这一实践路径时，不仅要关注即时需求，还要预示未来发展趋势。基于以上分析，未来职业教育的发展方向将更加注重培养学生的长期发展潜能，适应社会经济的快速变革，为我国新质生产力的跃升提供坚实、可靠的人力资本保障。

8.4.4.2 以新产业为追求，深化职业教育供给侧结构性改革

职业教育作为新产业发展的重要支撑，其供给侧结构性改革正处于深化发展的关键时期。面对经济社会的需求与新技术革命的冲击，职业教育的专业设置、教学内容、实训模式等均需以新产业为核心，实现动态优化和创新升级。其中，新产业所倚重的核心技能集和知识体系，已成为衡量职业教育调整方向与深度的主要标准。在此过程中，产教融合不仅需扮演促进教育资源与产业需求对接的桥梁角色，还要深化企业参与教育实践的范围与程度，形成共同培育适应新产业发展的技术技能人才的长效机制。综合考虑行业领先企业对专业技术人才的具体需求，通过搭建跨界合作平台，整合教育资源、促进教学改革，职业教育的供给侧结构性改革能够为新产业注入活跃的创新元素与高效的操作能力。已有研究表明，针对区域经济发展中的关键产业和未来职业趋势，职业教育在专业设置和课

程内容上，必须进行精细化、市场化调整，无论是软技能的教授还是硬实力的锻炼，都应与时俱进，以满足社会对高质量人才的需求。此外，综合各类教育资源，以市场化手段推动教学内容的新陈代谢，也是新产业迫切需要解决的问题。面对新一代信息技术、高端制造业、绿色环保等未来关键领域的挑战，职业教育必须培育与升级创新思维和专业技能，鼓励创业者开展实践探索，提升解决实际问题的能力。学校教育和企业实训相结合，打造校企一体化的人才培育链，不仅加强了创业者的职业技能训练，也提升了其创新能力和工作适应性，增强了创业者的就业信心与能力。随着技术革命的推进与工业自动化的不断深入，职业教育亦需与时俱进，加强对智能化、网络化、数字化技术的运用。通过模拟实际工作环境的实训基地建设，改进传统的教学设施和方法，利用虚拟现实（VR）、增强现实（AR）等现代信息技术，为创业者提供更为贴近实际操作环境和创新设计的机会。动态调整专业人才培养方案，根据市场动态和技术发展需求，立足于打造能适应未来产业导向、解决实际工作挑战的职业教育新模式。在制度建设方面，通过政策引导和市场化激励，促进教育内容的优化和教育手段的创新，确保教育质量得到有效提升的同时，也能满足产业发展的需求。通过产教深度融合，职业教育改革将成为加快培养应对新产业挑战的技能型人才的重要途径，为新质生产力的激发提供坚实的人才基础和创新思维来源。

8.4.4.3 以新技术为手段，培养新型创业者

在全球经济结构转型和技术革命的推进过程中，职业教育在培养新型劳动者方面具有重要作用。职业院校需要更新教育模式，充分融合工业 4.0 时代的核心技术，如物联网（IoT）、大数据分析、机器学习和人工智能（AI），进而提升创业者的职业技能和创新素质。以物联网（IoT）技术为例，通过在课程中进行 IoT 设备开发和应用训练，培育创业者实际操作能力与创新设计力，使他们能够在智能制造、智慧城市等领域迅速投入和创造价值。大数据分析则使创业者能在复杂系统环境中优化和提升运营效率。针对机器学习和人工智能，职业院校应构建与企业联合的教学实验室，通过实际案例的教学，强化学生的问题解决能力和算法应用能力。与此同时，创新教育内在的课程设置至关重要，更新的职业教育课程应包含跨学科学习模块。培养新型创业者也需要教育者本身具备前沿技术知识和教学能力。这就要求职业院校的师资队伍进行持续的学习，以紧跟时代发展。教

育者应与行业专家紧密合作，进行交叉学科研究，同时，通过专业认证、工作坊和在线开放课程等方式，不断提升教育水平和专业技能。此外，职业教育体系还应通过校企合作，建立完善的实训基地与工厂合作模式，使创业者能够在实际的工作环境中学习并运用新技术，从而学以致用，缩小教育与行业需求之间的差距。实训基地应配备先进的工业自动化设备与设施，以及与行业发展同步更新的软件和工具，保证创业者的技能培养与市场需求同步对接。这种深度合作模式，能够极大提升职业院校毕业生的就业竞争力，同时也为企业培养了高素质技术人员。

8.5　结束语

职业教育的生命力源自适配经济社会发展的需要，要紧跟产业结构的升级步伐，持续推动产教科协同创新，深化产教融合，打通科教融汇，强化校企合作，在科研上发挥优势，补齐短板。在教育教学方面，利用数字化技术创新教育内容和教育方式，培养新型劳动者。职业教育要与时俱进地改革与创新，有效地赋能新质生产力，支持国家产业转型与经济高效发展的宏伟目标。基于对职业教育与新质生产力耦合的深度理解，职业教育改革需与时俱进，持续推动教育内容、教育方式以及教育目标的创新与升级，进而有效地赋能新质生产力，促进我国产业转型升级与经济高质量发展。

参考文献

［1］Aldrich H. E. , Cliff J. E. The Pervasive Effects of Family on Entrepreneur-ship: Toward a Family Embeddedness Perspective ［J］. Journal of Business Venturing, 2003 （18）: 573-596.

［2］Alegre J. , Sengupta K. , Lapiedra R. Knowledge Management and Innovation Performance in a High-Tech SMEs Industry ［J］. International Small Business Journal, 2013, 31 （4）: 454-470.

［3］Cantor N. , Norem J. , Langston C. , et al. Life Tasks and Daily Life Expe-rience ［J］. Journal of Personality, 1991, 59 （3）: 425-451.

［4］Crossan M. An Organizational Learning Framework: From Intuition to Institu-tion ［EB/OL］. https: //doi. org/10. 5465/amr. 1999. 2202135.

［5］Epstein N. B. , Bishop D. S. , Baldwin I. M. McMaster Model of Family Functioning: A View of the Normal Family ［M］. London: Sage Publications, 1984.

［6］Hart, David M. Emergence of Entrepreneurship Policy ［M］. New York: Cambridge University Press, 2003.

［7］Hidi S. , Anderson V. Situational Interest and its Impact on Reading and Ex-pository Writing ［EB/OL］. https: //psycnet. apa. org/record/1992-97926-009.

［8］Holcomb T. R. , et al. Architecture of Entrepreneurial Learning: Exploring the Link among Heuristics, Knowledge, and Action ［J］. Entrepreneurship Theory and Practice, 2009, 33 （1） : 167-192.

［9］Irwin E. G. , Isserman A. M. , Kilkenny M. , et al. A Century of Research on Rural Development and Regional Issues ［J］. American Journal of Agricultural Economics, 2010, 92 (2): 522-553.

[10] McGrath R. G., Macmillan I. C. The Entrepreneurial Mindset: Strategies for Continuously Creating Opportunity in an Age of Uncertainty [M]. Brighton: Harvard Business Press, 1986.

[11] Mougeot L. J. A. Urban Agriculture: Concept and Definition [J]. Urban Agriculture Magezine, 2000 (1): 5-7.

[12] Parse R. R. The Human Becoming Family Model [J]. Nursing Science Quarterly, 2009, 22 (4): 305-309.

[13] Petkova A. P. A Theory of Entrepreneurial Learning from Performance Errors [J]. Entrepreneurial Management, 2008 (5): 349-367.

[14] Rahman S. A., Amran A., Ahmad N. H. Supporting Entrepreneurial Business Success at the Base of Pyramid through Entrepreneurial Competencies [J]. Management Decision, 2015, 53 (6): 195-216.

[15] Smilor R. W. Entrepreneurship: Reflections on a Subversive Activity [J]. Journal of Business Venturing, 1997, 12 (5): 341-421.

[16] Smit J., Nasr J. Urban Agriculture for Sustainable Cities: Using Wastes and Idle Land and Water Bodies as Resources [J]. Environment and Urbanisation, 1992, 4 (2): 141-152.

[17] Yamamoto S., Tabayashi A. The Structure of Rural Spaces in Japan: The Impact of Urbanization and Off-Farm Employment on the Transforamation of Japan's Rural Area [J]. Science Reports of the Institute of Geoscience University of Tsukuba, 1989 (10): 1-21.

[18] Yin R. K. The Case Study Anthology [M]. London: Sage Publications, 2004.

[19] 阿里研究院. 中国淘宝村研究报告 (2009~2019) [EB/OL]. http://www.100ec.cn/detail--6525509.html.

[20] 边燕杰, 张磊. 论关系文化与关系社会资本 [J]. 人文杂志, 2013 (1): 107-113.

[21] 陈雨峰. 湖北省青年农民工返乡创业意愿影响因素研究——以农村基础设施供给为例 [D]. 上海: 华东师范大学, 2016.

［22］丁桂凤，李永耀，耿英伟．多维视野中的创业学习［J］．南京师范大学学报（社会科学版），2010（6）：101-106.

［23］董杰，梁志民．中部欠发达地区新生代农民工返乡创业意愿影响因素分析——以江西省为例［J］．新疆农垦经济，2015（4）：1-6.

［24］董晓波．农民创业者获取创业资源中社会网络的利用［J］．中国农学通报，2007（1）：425-428.

［25］冯明．"互联网+"时代农村青年电商创业实践研究［J］．青年探索，2017（3）：90-95.

［26］龚健．西安周边地区乡村生态化模式及规划策略研究［D］．西安：长安大学，2018.

［27］规划实施协调推进机制办公室．乡村振兴战略规划实施报告（2018—2022年）［M］．北京：中国农业出版社，2022.

［28］郭芳．高职毕业生返乡创业原因及对策分析［J］．北京经济管理职业学院学报，2021，36（3）：37-45.

［29］郭芳．乡村振兴战略背景下学习型返乡青年就业创业行为逻辑的质性分析［J］．天津经济，2023（4）：38-45.

［30］郭芳．职业教育视角下都市区乡村人才振兴的路径分析［J］．天津经济，2023（2）：38-43.

［31］郭红东，周惠珺．先前经验、创业警觉与农民创业机会识别——一个中介效应模型及其启示［J］．浙江大学学报（人文社会科学版），2013，43（4）：17-27.

［32］郭姜裔，徐月，林博文，等．城归如何助力乡村振兴：政策梳理与文献综述［J］．农业农村部管理干部学院学报，2023（2）：19-27.

［33］郭星华，郑日强．农民工创业：留城还是返乡？——对京粤两地新生代农民工创业地选择倾向的实证研究［J］．中州学刊，2013（2）：64-69.

［34］郭英．新媒体时代乡村振兴背景下农村电商人力资源培养：评《农村电商职业经理人》［J］．中国科技论文，2022，17（4）：469.

［35］韩庆龄．嵌入理论下资源型乡贤返乡参与乡村产业振兴的实践机理［J］．西北农林科技大学学报（社会科学版），2023，23（2）：94-102.

[36] 何慧丽, 苏志豪. 返乡青年何以返乡?——基于主体性视角的考察 [J]. 贵州社会科学, 2019 (10): 72-78.

[37] 蒋剑勇, 钱文荣, 郭红东. 网络、社会技能与农民创业资源获取 [J]. 浙江大学学报 (人文社会科学版), 2013, 43 (1): 85-100.

[38] 孔祥智. 乡村振兴: "十三五" 进展及 "十四五" 重点任务 [J]. 人民论坛, 2020 (11): 40-41.

[39] 李凌. 农民教育培训与乡村振兴战略契合关系研究——以北京市延庆区为例 [J]. 福建农林大学学报 (哲学社会科学版), 2018, 21 (6): 12-17.

[40] 李平, 曹仰锋, 徐淑英. 案例研究方法: 理论与范例——凯瑟琳·艾森哈特论文集 [J]. 管理案例研究与评论, 2012 (5): 86.

[41] 李悦, 王振伟. 高职学生创新创业助推乡村振兴的实现机制探索 [J]. 教育与职业, 2019 (3): 52-55.

[42] 林斐. 对 90 年代回流农村劳动力创业行为的实证研究 [J]. 人口与经济, 2004 (2): 50-54.

[43] 林克松, 袁德樑. 人才振兴: 职业教育 "1+N" 融合行动模式探索 [J]. 民族教育研究, 2020 (3): 16-19.

[44] 林嵩, 姜彦福. 创业活动为何发生: 创业倾向迁移的视角 [J]. 中国工业经济, 2012 (6): 94-106.

[45] 刘唐宇. 中部欠发达地区农民工回乡创业影响因素研究 [D]. 福州: 福建农林大学, 2010.

[46] 刘亚军, 陈进, 储新民. "互联网+农户+公司" 的商业模式探析——来自 "淘宝村" 的经验 [J]. 西北农林科技大学学报 (社会科学版), 2016 (11): 87-93.

[47] 刘志侃, 唐萍萍. 农村生源大学生返乡创业意愿与影响因素研究——基于陕西省 10 所高校的调查分析 [J]. 调研世界, 2014 (7): 30-35.

[48] 鲁钊阳, 廖杉杉. 农产品电商发展的区域创业效应研究 [J]. 中国软科学, 2016 (5): 67-78.

[49] 陆彦, 孙俊华. 论我国都市农业发展模式的选择 [J]. 山东农业大学学报 (社会科学版), 2006 (3): 29-33+125.

[50] 罗敏. 乡村振兴战略的五重逻辑：一个城乡共生的视角 [J]. 学习论坛, 2020 (2)：35-39.

[51] 马建富. 新型职业农民培育的职业教育责任及行动策略 [J]. 教育发展研究, 2015 (13)：73-79.

[52] 梅燕, 蒋雨清. 乡村振兴背景下农村电商产业集聚与区域经济协同发展机制：基于产业集群生命周期理论的多案例研究 [J]. 中国农村经济, 2020 (6)：56-74.

[53] 孟亚男, 吴叶林. 高职院校创业教育促进乡村振兴的引导模式与路径 [J]. 当代职业教育, 2021 (6)：20-25.

[54] 孟召娣, 等. 城乡要素合理配置带动都市农业发展模式研究 [J]. 农业现代化研究, 2019 (1)：18-25.

[55] 闵琴琴, 韩秀容. 多元兴趣激发与创新创业能力培养 [J]. 高等职业教育探索, 2018, 17 (2)：71-75.

[56] 牛志江. 认知视角下创业意向影响机制——以机会识别为中介变量的实证研究 [D]. 杭州：浙江大学, 2010.

[57] 彭成圆, 赵建伟, 蒋和平, 等. 乡村振兴战略背景下农村电商创业的典型模式研究——以江苏省创业实践为例 [J]. 农业经济与管理, 2019 (6)：14-23.

[58] 祁占勇, 王志远. 乡村振兴战略背景下农村职业教育的现实困顿与实践指向 [J]. 华东师范大学学报（教育科学版）, 2020 (4)：107-117.

[59] 秦芳, 李晓, 吴雨, 等. 省外务工经历、家庭创业决策及机制分析 [J]. 当代经济科学, 2018, 40 (4)：91-100+127-128.

[60] 任静. 乡村振兴战略背景下农村科技人才培养与引进对策 [J]. 乡村科技, 2019 (2)：42-43.

[61] 邵占鹏. 农民网商对电商平台的依附关系及其形成机制 [J]. 上海对外经贸大学学报, 2020 (5)：47-55.

[62] 沈中禹, 王敏. 高职院校服务乡村人才振兴战略的逻辑分析与实践途径研究 [J]. 河北青年管理干部学院学报, 2021 (11)：56-60.

[63] 石丹淅. 新时代农村职业教育服务乡村振兴的内在逻辑、实践困境与

优化路径〔J〕.教育与职业，2019（20）：5-11.

〔64〕孙红霞.高等职业教育助力西北偏远地区乡村振兴的路径研究〔J〕.农业经济，2021（12）：107-108.

〔65〕商务部电子商务和信息化司.中国电子商务报告（2019）〔EB/OL〕. http：//dzsws. mofcom. gov. cn/article/ztxx/ndbg/202007/20200702979478. shtml.

〔66〕田真平，高鹏.职业教育助力乡村产业振兴的实践困境和服务模式〔J〕.教育与职业，2021（9）：5-10.

〔67〕田真平，王志华.乡村振兴战略下职业教育与农村三产融合发展的耦合〔J〕.职教论坛，2019（7）：19-25.

〔68〕王建云.案例研究方法的研究述评〔J〕.社会科学管理与评论，2013（3）：77-82.

〔69〕王利锋.江苏省农村电子商务发展现状与对策〔J〕.经营与管理，2018（12）：127-129.

〔70〕王淑红.大学生创业动力影响因素实证研究〔J〕.吉林广播电视大学学报，2018（3）：21-22.

〔71〕王弢，黄彦芳.发展—需求视角下的北京地区新型职业农民培育研究〔J〕.西北成人教育学院学报，2017（5）：21-26.

〔72〕王媛媛，郝佳伟.职业教育助力乡村振兴战略实施的文献综述及路径研究〔J〕.内蒙古科技与经济，2023（9）：138-141.

〔73〕魏翠妮，沈永健.大学生创业行为影响因素研究〔J〕.中国大学生就业，2015（23）：60-64.

〔74〕魏江，沈璞，樊培仁.基于企业家网络的企业家学习过程模式剖析〔J〕.浙江大学学报（人文社会科学版），2005（2）：148-155.

〔75〕魏雯，等.深度贫困地区农村青年产业扶贫参与意愿影响因素研究〔J〕.生产力研究，2018（2）：61-66.

〔76〕夏青松，汝子报.电子商务环境下新型农民创业现状及对策分析〔J〕.农村经济与科技，2015（4）：168-169.

〔77〕谢西金.家庭背景对大学生创业影响的实证研究——基于 Logistic 回归模型的分析〔J〕.重庆高教研究，2018，6（2）：58-68.

[78] 熊万胜 . 郊区社会的基本特征及其乡村振兴议题——以上海市为例 [J]. 中国农业大学学报（社会科学版），2018（3）：57-73.

[79] 徐家鹏 . 新生代农民工返乡务农意愿及其影响因素分析 [J]. 广东农业科学，2014（22）：205-210.

[80] 薛艳杰 . 我国都市区乡村振兴战略研究——以上海市为例 [J]. 上海经济，2019（1）：5-13.

[81] 严若曦 . 基于共生理论的都市边缘区乡村规划策略研究 [D]. 苏州：苏州科技大学，2019.

[82] 杨娟，等 . 都市农业区发展特征与实现乡村振兴的对策措施研究 [J]. 农业现代化研究，2019（3）：181-188.

[83] 杨学儒，杨萍 . 乡村旅游创业机会识别实证研究 [J]. 旅游学刊，2017，32（2）：89-103.

[84] 叶兴庆 . 新时代中国乡村振兴战略论纲 [J]. 改革，2018（1）：65-66.

[85] 尹鸿藻，毕华林 . 学习能力学 [M]. 青岛：青岛海洋大学出版社，2000.

[86] 臧学英，王坤岩 . 天津农业供给侧存在的结构性矛盾及改革措施 [J]. 产业创新研究，2017（1）：18-25.

[87] 曾德彬，卢海霞 . 农村电子商务提高农民收入和消费的原理研究——基于科斯的"交易成本"视角 [J]. 商业经济研究，2020（13）：138-141.

[88] 曾亿武 . 电商农户大数据使用：驱动因素与增收效应 [J]. 中国农村经济，2019（12）：29-47.

[89] 张可心，等 . 乡村振兴的理论逻辑及发展重点研究——以陕西关中地区为例 [J]. 中国农业资源与区划，2019（3）：206-209.

[90] 张坤 . 乡村振兴战略背景下大学生返乡创业意愿研究——基于河南省2市4校的调查 [J]. 科技创业月刊，2018（7）：14-16.

[91] 张秀娥，孙中博，韦韬 . 新生代农民工返乡创业意愿的经济学思考 [J]. 学习与探索，2013（12）：117-121.

[92] 张秀娥，徐雪娇 . 创业学习、创业警觉性与农民创业机会识别 [J].

商业研究，2017，59（11）：178-186.

［93］张秀娥，赵慧敏 . 创业成功的内涵、维度及其测量［J］. 科学学研究，2018，36（3）：475-483.

［94］张玉利，王晓文 . 先前经验、学习风格与创业能力的实证研究［J］. 管理科学，2011，24（3）：2.

［95］张阳丽，王国敏，刘碧 . 我国实施乡村振兴战略的理论阐释、矛盾剖析及突破路径［J］. 天津师范大学学报（社会科学版），2020（3）：52-56.

［96］赵婕 . 乡村振兴战略背景下高职院校新型职业农民培育研究［J］. 现代农村科技，2021（12）：121-122.

［97］赵艳莉 . 城乡一体化进程中福建省大学生返乡创业支持路径探析——基于大学生返乡创业个案的分析［J］. 创新创业，2018（17）：46-52.

［98］周德翼，杨海娟 . 城市农业发展机制研究［J］. 农业现代化研究，2002（1）：65-68.

［99］周劲波，汤潇 . 人口统计学特征对农村青年创业意愿影响的实证研究——以广西蒙山县为例［J］. 钦州学院学报，2017，32（11）：54-59.

［100］周晓光 . 实施乡村振兴战略的人才瓶颈及对策建议［J］. 世界农业，2019（4）：35-37.

［101］朱忠义，郭广军，周凌博 . 高职教育产教融合赋能乡村振兴战略的问题与推进策略［J］. 教育与职业，2021（15）：12-18.

［102］庄道元，黄贤金 . 新生代农民工务农意愿影响因素的实证分析［J］. 统计与决策，2015（23）：94-96.

附录 乡村振兴产业学院培养电商创业人才的教学设计

课程类型	课程	课程内容及授课要求	教学过程设计
基础素养课：通过此类课程可以帮助创业者在团队建设、投资人沟通、市场营销等方面更加得心应手；更容易明确确定创业方向，减少创业过程中的盲目性；掌握基本的创业理论，激发创业思维，培养创业精神和坚韧不拔的品质，帮助他们在面对困难和挑战时保持积极的态度	职业礼仪	内容： 1. 礼仪基本要求与核心思想 2. 个人礼仪 3. 商务礼仪 4. 社交礼仪 目标： 1. 素质目标：具有正确的"三观"、理想信念和对中国礼仪文化的热爱之情 2. 知识目标：了解中国传统商务礼仪文化的基本特点；理解和掌握中国传统礼仪文化的基本精神和核心理念；理解和掌握西式商务礼仪文化的基本内容 3. 能力目标：能在适当的场合运用中、西方商务礼仪的规范顺利开展商务活动 要求： 1. 学生要求：具备中华传统礼仪基本知识 2. 教师要求：熟悉中国传统礼仪文化，具备较高的职业礼仪素养；能根据学生实际，灵活多样地组织教学，具有理论与实践相结合的教学能力	1. 教学模式：采用"理论+实践"的教学模式和混合式教学模式 2. 教学方法：启发式、讨论式、探究式教学法，案例教学、情境教学 3. 教学手段：依托超星平台、精品课程、数字化资源，开展新媒体全覆盖式教学 4. 考核方式：过程性考核与期末考查相结合

续表

课程类型	课程	课程内容及授课要求	教学过程设计
基础素养课：通过此类课程可以帮助创业者在团队建设、投资人沟通、市场营销等方面更加得心应手；更容易明确确定创业方向，减少创业过程中的盲目性；掌握基本的创业理论，激发创业思维，培养创业精神和坚韧不拔的品质，帮助他们在面对困难和挑战时保持积极的态度	演讲与口才	内容： 1. 口才概述 2. 语音基础 3. 朗读、复述、讲故事的技巧与训练 4. 演讲、辩论 5. 主持、求职 6. 交际口才艺术 目标： 1. 素质目标：具有良好的心理素质，具有敢于表现的勇气和自信、团队精神和合作精神 2. 知识目标：了解口才训练的目标要求、层次与类型；理解和掌握语音基础知识，朗读、复述、演讲、交际等的要求与技巧 3. 能力目标：能运用所掌握的演讲与口才的一般规律、方法和技巧，不断提高演讲水平 要求： 1. 学生要求：具备一定的语音基础知识，具有一定的口语交际能力 2. 教师要求：熟悉演讲与口才的要求、技巧与训练方法；能针对学生薄弱环节，灵活多样地组织教学，具有理论与实践相结合的教学能力	1. 教学模式：采用"理论+实践"的教学模式 2. 教学方法：模块化教学、情境教学、案例教学，启发式、参与式、讨论式教学法 3. 教学手段：多媒体教学、超星平台、精品课程辅助教学 4. 考核方式：过程性考核与期末考查相结合
	人工智能与信息社会	内容： 1. 人工智能技术的基本概念 2. 人工智能的发展历史和发展趋势 3. 人工智能的经典算法介绍 4. 信息社会各领域中人工智能的应用情况和发展前景 目标： 1. 素质目标：具有正确的"三观"、理想信念和对中国礼仪文化的热爱之情 2. 知识目标：了解人工智能发展前沿，认识人工智能技术的基本概念、发展历史、应用领域和对人类社会的深远影响 3. 能力目标：能够适应人工智能与信息社会时代发展，能够利用人工智能与信息思维解决问题 要求： 1. 学生要求：具备初步的社会实践经验和一定的计算机使用能力 2. 教师要求：熟悉人工智能和信息社会相关知识，具备较高的教学组织能力；能根据学生实际，灵活多样地组织教学，具有理论与实践相结合的教学能力	1. 教学模式：采用"理论+实践"的教学模式和混合式教学模式 2. 教学方法：启发式、讨论式、探究式教学法，案例教学、情境教学 3. 教学手段：依托超星平台、精品课程、数字化资源，开展新媒体全覆盖式教学 4. 考核方式：过程性考核与期末考查相结合

续表

课程类型	课程	课程内容及授课要求	教学过程设计
基础素养课：通过此类课程可以帮助创业者在团队建设、投资人沟通、市场营销等方面更加得心应手；更容易明确确定创业方向，减少创业过程中的盲目性；掌握基本的创业理论，激发创业思维，培养创业精神和坚韧不拔的品质，帮助他们在面对困难和挑战时保持积极的态度	信息检索	内容： 1. 信息检索的基本理论知识 2. 各种类型检索系统和工具的使用方法 3. 通过网络方式获取和利用相关专业信息资源的基本方法以及学术论文写作的基本技能 目标： 1. 素质目标：具有一定的信息素养和正确的信息道德观；初步形成负责人的使用信息资源的意识与观念 2. 知识目标：认识信息及信息社会；熟悉并遵守信息相关法律法规；掌握信息检索的基本原理；熟悉不同类型信息资源的检索途径；掌握不同类型信息检索工具的使用 3. 能力目标：能够准确分析识别检索需求，合理利用检索工具，甄别、选择、综合运用检索结果 要求： 1. 学生要求：具备初步的社会实践经验和一定的计算机使用能力 2. 教师要求：熟悉信息检索相关知识，具备较高的信息素养；能根据学生实际，灵活多样地组织教学，具有理论与实践相结合的教学能力	3. 教学模式：采用"理论+实践"的教学模式和混合式教学模式 4. 教学方法：启发式、讨论式、探究式教学法，案例教学、情境教学 5. 教学手段：依托超星平台、精品课程、数字化资源，开展新媒体全覆盖式教学 6. 考核方式：过程性考核与期末考查相结合
	创新思维训练	内容： 1. 创新思维简介、方法 2. 缺点列举法、奥斯本检核表法 3. 组合法、BS、66 法 目标： 1. 素质目标：具备创造力基本素质、发散思维创造素质；具备热爱生活、热爱工作的积极向上的心理素质 2. 知识目标：掌握创新与创新思维概念、意义；掌握求异、联想、发散思维、灵感和直觉等创新思维方法；理解缺点列举法、奥斯本检核表法、组合法、BS 法等创新思维方法 3. 能力目标：能够使用缺点列举法、奥斯本检核表法、组合法、移植法、BS、66 法提高创新能力 要求： 1. 学生要求：具有创新意识、创新思维 2. 教师要求：熟悉各种创新思维训练方法，具有理论与实践相结合的教学能力	1. 教学模式：采用"理实一体化"的教学模式 2. 教学方法：任务驱动、"理实一体化"教学 3. 教学手段：多媒体教学，超星平台、精品课程辅助教学 4. 考核方式：过程性考核与期末考试相结合

续表

课程类型	课程	课程内容及授课要求	教学过程设计
基础素养课：通过此类课程可以帮助创业者在团队建设、投资人沟通、市场营销等方面更加得心应手；更容易明确确定创业方向，减少创业过程中的盲目性；掌握基本的创业理论，激发创业思维，培养创业精神和坚韧不拔的品质，帮助他们在面对困难和挑战时保持积极的态度	创业人生	内容： 1. 创业者与创业精神 2. 创业团队的组建与管理 3. 创业计划与演练 目标： 1. 素质目标：具有科学的创业观；具备自觉遵循创业规律、积极投身创业实践的意识 2. 知识目标：了解创业的基本内涵和创业活动的特殊性；科学地认知创业者、创业机会、创业资源、创业计划和创业项目；掌握开展创业活动所需要的基本知识 3. 能力目标：掌握创业资源整合与创业计划撰写的方法，熟悉新企业的开办流程与管理；具备基本的创办和管理企业的能力 要求： 1. 学生要求：具备一定的创新思维知识，具有一定的创新能力 2. 教师要求：熟练掌握沟通理论、创新能力结构、时间管理原则等专业知识，具有理论与实践相结合的教学能力	1. 教学模式：采用"翻转课堂"的教学模式 2. 教学方法：任务驱动法、案例分析法、情景模拟训练法 3. 教学手段：多媒体教学，超星平台、精品课程辅助教学 4. 考核方式：项目考核、过程性考核与期末考试相结合

课程类型	课程	课程内容及授课要求	教学过程设计
创业技能课：此类课程能够帮助创业者更好地理解农村市场的需求和挑战，从而更有效地开展创业活动；掌握基本的商业技能，提高市场敏感度，抓住农村地区的商机，学会如何分析市场需求、竞争对手以及消费者行为，以更具创意和效率的方式找到创业项目	农村电子商务基础	内容： 1. "三农"认知与农村电子商务企业的组织架构 2. 网上商品流转历程 3. 农村电子商务项目的开发运作 4. 农村电商的相关政策法规 5. 国内农村电商的产业布局 目标： 1. 素质目标：培养学生树立职业道德，增强社会使命感、工匠精神、劳动精神、知农爱农 2. 知识目标：了解农村电商的内涵、现状和发展 3. 能力目标：掌握农村电商相关政策法规及国内农村电商的产业布局 要求： 1. 学生要求：具备自学与查阅资料能力 2. 教师要求：应具有扎实理论基础与实践教学经验	1. 教学模式：采用"项目引领、任务驱动"等教学模式 2. 教学方法：课堂理论讲授法，案例分析法，启发式、探究式、讨论式教学法，任务驱动教学法等 3. 教学手段：使用多媒体课件、网络信息技术等来开展教学 4. 考核方式：采用笔试考核方式，平时考核占40%，期末考试占60%
	农产品市场营销	内容： 1. 市场营销基本概念与市场营销观念 2. 市场营销环境分析 3. 消费者需求和购买行为分析 4. 市场细分、选择目标市场和进行市场定位 5. 农产品产品策略、价格策略、渠道策略、促销策略 目标： 1. 素质目标：培养学生较强的市场分析、判断及决策能力；具备较好的文字表达、沟通能力和团队合作精神；具备市场营销的创新、创意能力；培养营销人员爱岗敬业、敏锐的市场意识、市场竞争意识和积极进取、吃苦耐劳的基本职业素养 2. 知识目标：掌握市场营销的基本概念及基本分析方法；了解市场营销环境、消费者需求和购买行为；掌握市场细分、目标市场选择与市场定位基本知识；掌握市场营销4P策略 3. 能力目标：能够对市场及市场营销环境进行初步分析；具备进行市场调研和市场预测的基本能力；具备根据企业实际情况制定有效营销推广创意与方案策划、组织市场营销工作的能力 要求： 1. 学生要求：具有良好的客户沟通技巧，准备寻找目标客户，能随机应变处理突发事件 2. 教师要求：应具有扎实理论基础与实践教学经验	1. 教学模式：采用"项目引领、任务驱动"等教学模式 2. 教学方法：课堂理论讲授法，案例分析法，启发式、探究式、讨论式教学法，任务驱动教学法等 3. 教学手段：使用多媒体课件、网络信息技术等来开展教学 4. 考核方式：采用笔试考核方式，平时考核占40%，期末考试占60%

续表

课程类型	课程	课程内容及授课要求	教学过程设计
创业技能课：此类课程能够帮助创业者更好地理解农村市场的需求和挑战，从而更有效地开展创业活动；掌握基本的商业技能，提高市场敏感度，抓住农村地区的商机，学会如何分析市场需求、竞争对手以及消费者行为，以更具创意和效率的方式找到创业项目	农产品图形图像处理	内容： 1. Photoshop 基本操作方法 2. 色彩和构图基本理论 3. 农产品图片处理与制作 4. 农产品海报设计与制作 5. 农产品详情页设计制作 目标： 1. 素质目标：恪守视觉设计道德与规范，锻炼和培养学生踏实认真、精益求精等基本职业素质 2. 知识目标：掌握 Photoshop 的操作方法，了解色彩和构图的基本理论，掌握图片处理的基本知识，掌握商品信息详情页设计和海报设计的思路 3. 能力目标：能够对商品进行展示设计；能够对图片进行处理；能够对商品详情页和海报进行设计 要求： 1. 学生要求：具备一定的设计基础、色彩构成知识基础 2. 教师要求：应具有扎实理论基础与实践教学经验	1. 教学模式：采用"项目引领、任务驱动"等教学模式 2. 教学方法：课堂理论讲授法，案例分析法，启发式、探究式、讨论式教学法，任务驱动教学法等 3. 教学手段：使用多媒体课件、网络信息技术等来开展教学 4. 考核方式：采用过程评价考核方式，平时考核占 40%，期末作品占 60%
	农产品品牌形象设计	内容： 1. 标志认识 2. 标志的形成元素与法则 3. 品牌形象认识 4. 品牌形象设计与应用 目标： 1. 素质目标：提升学生设计的鉴赏能力与测评能力，培养学生创新意识和创新能力，树立学生服务意识、团队协作和敬业精神 2. 知识目标：熟悉 VI 创意表现和设计流程，掌握 VI 设计的创意与制作规律 3. 能力目标：能够开展 VI 设计调研和分析工作，按需求制定品牌形象宣传策划书 要求： 1. 学生要求：具有 PS 软件操作技巧和设计基础 2. 教师要求：应具有扎实理论基础与实践教学经验	1. 教学模式：采用"项目引领、任务驱动"等教学模式 2. 教学方法：课堂理论讲授法，案例分析法，启发式、探究式、讨论式教学法，任务驱动教学法等 3. 教学手段：使用多媒体课件、网络信息技术等来开展教学 4. 考核方式：采用过程评价考核方式，平时考核占 40%，期末作品占 60%

续表

课程类型	课程	课程内容及授课要求	教学过程设计
创业技能课：此类课程能够帮助创业者更好地理解农村市场的需求和挑战，从而更有效地开展创业活动；掌握基本的商业技能，提高市场敏感度，抓住农村地区的商机，学会如何分析市场需求、竞争对手以及消费者行为，以更具创意和效率的方式找到创业项目	农产品商品学	内容： 1. 商品分类管理、质量管理、包装管理、养护管理 2. 商品标准、商品认证 3. 商品检验 目标： 1. 素质目标：恪守职业道德与规范，锻炼和培养学生踏实认真、精益求精等基本职业素质 2. 知识目标：掌握典型农产品的基本特性，采摘、运输和销售过程中的技能 3. 能力目标：能对商品进行生产销售检验、保管与质量监控，确保农产品的质量 要求： 1. 学生要求：掌握市场营销知识，具有商品辨识能力 2. 教师要求：应具有扎实理论基础与实践教学经验	1. 教学模式：采用"项目引领、任务驱动"等教学模式 2. 教学方法：课堂理论讲授法，案例分析法，启发式、探究式、讨论式教学法，任务驱动教学法等 3. 教学手段：使用多媒体课件、网络信息技术等来开展教学 4. 考核方式：采用考查考核方式，平时考核占40%，期末考查占60%
	销售管理	内容： 1. 销售规划与设计 2. 销售组织建设、会议管理、信息化管理 3. 销售分析与评估 目标： 1. 素质目标：培养学生在活动中吃苦耐劳和敢于创新的精神，与人沟通和团队协作能力 2. 知识目标：掌握网络营销的概念；掌握销售方法的使用技巧；掌握日常销售管理的方法 3. 能力目标：能制定销售计划，通过团队管理达到预定目标 要求： 1. 学生要求：掌握市场营销知识，具有沟通能力 2. 教师要求：应具有扎实理论基础与实践教学经验	1. 教学模式：采用"项目引领、任务驱动"等教学模式 2. 教学方法：课堂理论讲授法，案例分析法，启发式、探究式、讨论式教学法，任务驱动教学法等 3. 教学手段：使用多媒体课件、网络信息技术等来开展教学 4. 考核方式：采用考查考核方式，平时考核占40%，期末考查占60%

续表

课程类型	课程	课程内容及授课要求	教学过程设计
电商创业技能核心课： 此类课程涵盖了电子商务的运营模式、市场机制等，为创业者构建了一套完整的电商知识体系。通过学习电商平台的运营策略、技巧及工具使用，创业者能够掌握如何有效管理在线店铺，提高销售业绩，培养电商运营能力	网络客服与管理	内容： 1. 客户服务认知 2. 目标客户分析 3. 客户需求沟通、服务实施和客户投诉处理 4. 客户关系管理、网络客户关系管理和创新 目标： 1. 素质目标：主动学习探索和创新的能力；良好的表达沟通及分析能力 2. 知识目标：了解客户服务与管理的基本知识，掌握客户服务的基本流程、客户服务的技巧 3. 能力目标：能够掌握企业前台客户接待咨询、客户投诉处理、客户回访及大客户管理等一系列的措施和方法 要求： 1. 学生要求：具有一定的沟通能力和逻辑思维能力；熟悉行业发展动态及趋势 2. 教师要求：应具有扎实理论基础与实践教学经验	1. 教学模式：采用"项目引领、任务驱动"等教学模式 2. 教学方法：课堂理论讲授法，案例分析法，启发式、探究式、讨论式教学法，任务驱动教学法等 3. 教学手段：使用多媒体课件、网络信息技术等来开展教学 4. 考核方式：采用笔试考核方式，平时考核占40%，期末考试占60%
	文案策划与创意	内容： 1. 商务文案与电子商务文案认知 2. 文案写作准备及撰写基本技巧与应用 3. 创意类文案写作技巧、内容电商文案写作与发布、网店文案写作实战、社会化媒体文案写作 目标： 1. 素质目标：培养学生自主学习能力、自我管理能力、沟通能力、组织协调能力、市场开拓意识、竞争意识和团队协作精神，使学生既具备较高的业务素质，又具有良好的职业道德和敬业精神 2. 知识目标：掌握较全面、系统的文案策划与写作理论知识，熟练掌握各种类型文案写作的特色和方法 3. 能力目标：能够挖掘企业特色和卖点，撰写创意类、编辑类、账号类、策划类文案 要求： 1. 学生要求：具备一定的文字理论功底及动手能力 2. 教师要求：应具有扎实理论基础与实践教学经验	1. 教学模式：采用"项目引领、任务驱动"等教学模式 2. 教学方法：课堂理论讲授法，案例分析法，启发式、探究式、讨论式教学法，任务驱动教学法等 3. 教学手段：使用多媒体课件、网络信息技术等来开展教学 4. 考核方式：采用笔试考核方式，平时考核占40%，期末考试占60%

返乡青年电商创业行为研究

续表

课程类型	课程	课程内容及授课要求	教学过程设计
电商创业技能核心课： 此类课程涵盖了电子商务的运营模式、市场机制等，为创业者构建了一套完整的电商知识体系。通过学习电商平台的运营策略、技巧及工具使用，创业者能够掌握如何有效管理在线店铺，提高销售业绩，培养电商运营能力	农产品网络营销	内容： 1. 农产品市场定位调研 2. 网络营销平台建设 3. 农产品网络营销推广方法 4. 农产品推广方案策划与实施 目标： 1. 素质目标：培养学生较强的网络市场分析、判断及决策能力；具备较好的文字表达、沟通能力；具备网络营销的创新、创意能力 2. 知识目标：掌握网络营销市场定位的基本技能；熟悉网络营销平台规划及建设的流程 3. 能力目标：培养学生运用网络营销知识、工具和方法开展网络推广的能力，以及根据企业实际情况制定有效网络推广创意与方案的能力 要求： 1. 学生要求：具备市场营销基础知识 2. 教师要求：应具有扎实理论基础与实践教学经验	1. 教学模式：采用"项目引领、任务驱动"等教学模式 2. 教学方法：课堂理论讲授法，案例分析法，启发式、探究式、讨论式教学法，任务驱动教学法等 3. 教学手段：使用多媒体课件、网络信息技术等来开展教学 4. 考核方式：采用笔试考核方式，平时考核占40%，期末考试占60%
	农产品电商运营	内容： 1. 电商平台认知、电商平台操作 2. 网络市场调研、行业市场分析 3. 店铺基础运营和店铺数据分析 4. 店铺推广 目标： 1. 素质目标：培养学生敏锐的市场开拓意识、敬业精神 2. 知识目标：熟悉国内常用的电子商务平台，了解电商平台网店（站）运营的规范和流程；掌握常用的平台推广方式 3. 能力目标：能够进行店铺搭建、商品上下架、店铺基础运营；能够对店铺和客户数据进行分析；能够对网店全年运营推广进行策划并组织实施 要求： 1. 学生要求：具备电商基础理论知识，有一点动手实践能力 2. 教师要求：应具有扎实理论基础与实践教学经验	1. 教学模式：采用"项目引领、任务驱动"等教学模式 2. 教学方法：课堂理论讲授法，案例分析法，启发式、探究式、讨论式教学法，任务驱动教学法等 3. 教学手段：使用多媒体课件、网络信息技术等来开展教学 4. 考核方式：采用笔试考核方式，平时考核占40%，期末考试占60%

续表

课程类型	课程	课程内容及授课要求	教学过程设计
电商创业技能核心课： 此类课程涵盖了电子商务的运营模式、市场机制等，为创业者构建了一套完整的电商知识体系。通过学习电商平台的运营策略、技巧及工具使用，创业者能够掌握如何有效管理在线店铺，提高销售业绩，培养电商运营能力	农产品电商视觉设计	内容： 1. 电商平台后台视觉操作流程与规范 2. 店铺定位以及店铺整体形象设计 3. 网店装修设计、企业视觉形象设计 4. 农产品信息采集与处理、农产品视觉营销 目标： 1. 素质目标：培养学生勤奋的工作态度及创新意识，具有一定的美学素养 2. 知识目标：了解农村电子商务视觉创作与设计流程 3. 能力目标：能够进行产品图片的精修与更新以及网络店铺的美化装修 要求： 1. 学生要求：具备图形图像处理和图形创作基础，具备流行元素洞察力及独特的艺术审美情操、艺术创造力 2. 教师要求：应具有扎实理论基础与实践教学经验	1. 教学模式：采用"项目引领、任务驱动"等教学模式 2. 教学方法：课堂理论讲授法，案例分析法，启发式、探究式、讨论式教学法，任务驱动教学法等 3. 教学手段：使用多媒体课件、网络信息技术等来开展教学 4. 考核方式：采用过程评价考核方式，平时考核占40%，期末作品占60%
	直播电商	内容： 1. 直播平台选择 2. 直播脚本设计 3. 直播场景搭建 4. 短视频拍摄 5. 直播方案撰写 6. 直播实战技巧 7. 直播数据复盘 8. 个人IP打造 目标： 1. 素质目标：培养具备团队合作精神、创新精神、职业素质高、就业能力强、有社会责任感的新时代技术技能型人才 2. 知识目标：熟知国内电商直播平台的规则和操作流程；掌握电商直播方案执行规范及脚本撰写的方法；熟悉电商直播转化技巧及促单方法；掌握电商直播数据效果分析的方法 3. 能力目标：培养学生能够根据产品特点及企业营销目标，选择合适的直播平台及矩阵能力；培养学生敏锐的市场分析能力、对消费者洞察能力、综合分析和决策能力；具有对直播脚本进行创意撰写的能力；具有对直播活动策划推广能力；能够塑造转化率高的直播场景；能够对直播效果进行分析及直播复盘 要求： 1. 学生要求：具备一定网络营销推广能力、语言表达沟通能力 2. 教师要求：应具有扎实理论基础与实践教学经验	1. 教学模式：采用"项目引领、任务驱动"等教学模式 2. 教学方法：课堂理论讲授法，案例分析法，启发式、探究式、讨论式教学法，任务驱动教学法等 3. 教学手段：使用多媒体课件、网络信息技术等来开展教学 4. 考核方式：采用过程评价考核方式，平时考核占40%，期末作品占60%

课程类型	课程	课程内容及授课要求	教学过程设计
电商创业技能核心课： 此类课程涵盖了电子商务的运营模式、市场机制等，为创业者构建了一套完整的电商知识体系。通过学习电商平台的运营策略、技巧及工具使用，创业者能够掌握如何有效管理在线店铺，提高销售业绩，培养电商运营能力	新媒体推广	内容： 1. 新媒体营销认知 2. 新媒体营销策划 3. 微信营销、社群营销、短视频营销、电商直播营销 4. 新媒体营销效果测评 目标： 1. 素质目标：传播新媒体营销文化和移动互联网创业意识，让学生热爱专业，树立远大理想，恪守新闻传播道德与规范，锻炼和培养学生踏实认真、求实奋进等基本素质 2. 知识目标：掌握新媒体营销基本概念、新媒体营销方法；熟悉微博、微信公众号、社群、直播网站、知识社区、微店等各类新媒体平台，掌握二维码、短链接、H5等关键技术，能够开展内容策划、微信营销、粉丝推广、网络解锁电商直播等新媒体营销活动，以及微信公众号、小程序的推广与引流活动 3. 能力目标：具备独立从事新媒体内容策划、新媒体营销和新媒体平台引流的能力；具备新媒体领域创新创业的基本条件 要求： 1. 学生要求：具备网络营销基础，以及一定的创新能力 2. 教师要求：应具有扎实理论基础与实践教学经验	1. 教学模式：采用"项目引领、任务驱动"等教学模式 2. 教学方法：课堂理论讲授法，案例分析法，启发式、探究式、讨论式教学法，任务驱动教学法等 3. 教学手段：使用多媒体课件、网络信息技术等来开展教学 4. 考核方式：采用过程评价考核方式，平时考核占40%，期末作品占60%

后　记

终稿完成，回头再去通读，写作过程历历在目，尤其是确定研究对象的那个时期，一次偶然的机会，和志同道合的几位老师一起去做调研，接触到了这个领域和这个群体——返乡创业青年。在县城或乡镇里有一点点商业气息的地方开个店，我们叫它创业，他们说是混口饭吃，没什么不一样，谁说生存不是梦想的起点？但就是依靠这样朴素的念头，返乡青年开启了创业之旅，有小成功，有大成功，无一例外又都经历过失败，在曲折中坚持着。本书基于博士学习期间的研究方向，从心理感知的角度探索返乡青年的创业行为：是什么让他们愿意返乡？又是什么让他们从失败中重新起航奔赴成功？创业教育和专业教育在其中扮演了什么角色？

在收集到足够多的样本之后，从两个层面开展研究，即利用质性研究中的扎根理论这一方法分别进行返乡创业的归因分析和创业成功的行为分析。研究思路也比较清晰，在归因分析中发现，创业知识的先前学习是初始诱因，自身效能感知良好，在大城市的就业经验是返乡创业的资本，在乡村的关系网络是返乡创业的推动力。但是返乡之后的创业成功率并不是很高，样本中的创业主体大都经历了至少两次连续创业，他们有一个共性，即接受过系统教育或培训，由此引发了进一步思考：创业成功的影响因素都有哪些？高等教育尤其是职业教育应该发挥怎样的作用？经过层层编码，最后提炼出 4 个因素，即创业感知、社会网络关系、资源可获性认知和创业可持续性认知，职业院校可以利用产教融合、科教融汇的办学优势培养在校生创业，培训已返乡青年的创业技能。目前也有学校成立了乡村振兴产业学院、育训平台、智库等，在数字经济时代，利用数字商务业态为返乡创业青年提供更多可能。

理论研究永无止境。产业学院是否能够帮助返乡青年聚集产业资源和关系网络？育训平台和智库资源是否能够提升返乡青年的创业感知和可获得性认知？这些依然需要跟踪调查、持续收集数据和反复论证，也是本书的后续研究方向。

致　谢

写到这里的时候，应该是万分激动的时刻，终于完成了大部分内容！不由得想起撰写第一本专著的情形，在完成主体内容之后感到轻松愉悦，于是去和好友庆祝，把稿子则直接发给了我的博士导师温孝卿先生，我知道我的导师会给我把关，指出我的错误，老师会给我万千难题最神奇的答案。"不可理喻"式的依赖是学生时代最温暖的回忆，当年的书稿还留着，里面有温先生逐字逐句的修订和建议，感谢温先生给予我无限的包容和深刻的教诲，在不断成长中愈发崇尚温先生的教风和品行，无以回报，唯有不断砥砺前行。

感谢志同道合的李然，在写作过程中给了我极大的信心，写作完成后的反复斟酌给了我极大的安心！感谢相互扶持的李思璇，每个夜晚，是她用书房的灯点亮了我前行的路，晚上11点钟的陪伴，一起学习，一起进步。我们会相互分享，她做了哪些题、我写了多少字，每当我想偷懒、想放弃、想走捷径时，她在书桌前坚持学习的背影都会让我汗颜，感谢她让我成为正确的自己！感谢能雪中送炭，也能锦上添花的老付、小彤彤和大聪聪，每多写1000字的快乐和写不出来1个字的苦恼，在你们那里都会变成继续前行的勇气！

书稿持续了两年的写作周期，今年因为工作的变动几乎停滞，就在万念俱灰时，得到了高飞院长的鼓励，与高院长偶尔却畅快的学术探讨是我坚持下去的动力！感谢叶宏权处长每次见面都不变的问候！感谢邢欣老师和黄盈老师给予我宽松的工作环境！感谢常婕老师在我不能吃饭时的投喂！

还要感谢李晓光同志，你是全部，你是所有，你是那个不用说谢谢的人！

2023.12.10

瑞庭凤苑